MÚSICA DISCO

MÚSICA DISCO

Carlos Pérez de Ziriza

MA
NON
TROPPO

Un sello de Redbook ediciones
Indústria 11 (Pol. Ind. Buvisa)
08329 Teià (Barcelona)
info@redbookediciones.com
www.redbookediciones.com

© 2019, Carlos Pérez de Ziriza
© 2019, Redbook Ediciones, s. l., Barcelona
Diseño de cubierta e interior: Regina Richling
Fotografías interiores: APG imágenes

ISBN: 978-84-120048-4-7
Depósito legal: B-12.255-2019

Impreso por Sagrafic
Passatge Carsi 6,
08025 Barcelona

Impreso en España - *Printed in Spain*

A Espe, Carla y a toda mi familia.

A toda esa legión de artistas que tanto nos alegraron la vida con una música jovial, celebratoria y desacomplejada, sin miedo al qué dirán ni temor a romper convencionalismos ni a franquear barreras estilísticas. A la memoria de todos los que se fueron, como los ilustres Sylvester, Bernard Edwards, Marvin Gaye, Isaac Hayes, Barry White, Donna Summer, Juan Carlos Calderón, Michael Jackson, Prince y tantos otros. Y al empeño de todos los que aún siguen ahí.

Índice

«A mí me encantaban los éxitos de música disco, pero sabía que era algo que debía mantener en secreto delante de otros tíos.»
Rob Sheffield, periodista, en su libro "Vives en las cintas que me grabaste"

«A veces tengo que olvidarme de la bola de espejos disco y de las luces que hay siempre en mi cabeza. Supongo que es una parte de madurar, no tener que estar siempre tratando de imprimir un ritmo rápido para que la gente baile.»
Mark Ronson

Introducción

Al ritmo de la revolución sexual y racial

Al igual que ocurrió con el punk, con cuya explosión coincidió en el tiempo, la música disco alberga un enorme interés casi más por sus antecedentes y réplicas posteriores que por su periodo de máximo fulgor. En realidad, ni uno ni otro eran fenómenos tan distantes: ambos daban voz a los desclasados, a amplias capas de público que, por un motivo o por otro, no veían reflejo a sus cuitas en la música del momento. Si los punks se rebelaban contra el orden establecido y los excesos del rock en su vertiente más grandilocuente y pomposa (el sinfónico y el progresivo), también los adictos a la música disco, en un principio comunidades negras, latinas, italoamericanas y gais, se construían una burbuja existencial a su medida para ahuyentar la marginación social que sucedió a la crisis económica de 1973, en los grandes templos del baile de las grandes ciudades norteamericanas. Así que si tan interesantes fueron el proto punk y el post punk para la insurrección del imperdible, no menos importante es el relato de todo aquello que hizo que el soul y el funk se convirtieran en música disco, y todo lo que ocurrió a posteriori, la retahíla de discos totémicos de la era post disco, que no se entendería sin la previa eclosión del género.

Porque –lo habrán adivinado– si algo hemos querido destacar en este libro es que la música disco no fue un sarpullido puntual que se explique solo por sí mismo y se agote en sus propios delirios, sino que fue un eslabón más en la cadena evolutiva de la mejor música negra del siglo XX. Más allá de sus estereotipos, de la imagen ciertamente hortera que haya podido proyectar en ocasiones (zapatos de plataformas que desafían a la ley de la gravedad, cegadoras bolas de espejos, atuendos coloridos con superávit de purpurina, pantalones de campana tamaño XXL y algunas películas olvidables), conviene recordar que su eclosión en la segunda mitad de los años setenta fue, en esencia, fruto de la evolución de algunos géneros que se vieron maleados por sus propios cruces de caminos, por los progresos tecnológicos (sintetizadores y luego cajas de ritmos) y, sobre todo, por la entronización de la discoteca como el nuevo ágora en el que se desarrollaba el ocio nocturno de miles y miles de personas que necesitaban dar a su vida una brizna de fantasía, con el disc jockey convirtiéndose ya en un sumo sacerdote, una figura que iba mucho más allá de la de un mero selector de sonidos.

Temporalmente, podríamos acotar aquella gran fiebre disco al periodo comprendido, aproximadamente, entre los años 1973 y 1981. Y limitar el campo de visión a las discotecas de Nueva York y algunas otras en Chicago, San Francisco, Los Angeles o Miami. Pero esa sería una visión de mirada corta. Es cierto que el esplendor disco se ciñe a un tiempo y a un espacio medianamente determinados. Pero conviene ampliar el enfoque para afrontar el fenómeno como precedente necesario de gran parte del pop de consumo de las últimas décadas (de Michael Jackson a Daft Punk), así como estudiar los estragos que causó en Europa (España incluida), en Latinoamérica e incluso en qué forma se vio afectado su curso por la irrupción del afrodisco en los setenta.

Esa es, ni más ni menos, la explicación a nuestra metodología: hemos empleado un criterio geográfico para relatar el devenir de la música disco hasta nuestros días. Una cartografía musical para explicar cómo va tomando cuerpo en Philadelphia o Detroit, florece en Nueva York, se extiende a Chicago, Los Angeles, San Francisco, Texas o Miami, y luego cobra formas nuevas en Milán, Múnich, Madrid, Sabadell, Caracas o Lagos. Sin olvidarnos de valorar las incursiones disco de todas aquellas vacas sagradas del rock (The Rolling Stones, David Bowie, Rod Stewart) que se dejaron seducir con tino por los ritmos del momento: el mejor antídoto posible para dejar sin muchos argumentos a los puristas de todo signo y condición, especialmente a los más recalcitrantes *rockistas*.

Así que tómense esto como una completa guía no solo para abrirles posibles itinerarios en el caso de que sean profanos en la materia, sino también como un buen repaso a las conexiones geográficas e intergeneracionales, muchas veces sorprendentes, que la música disco ha ido procurando a lo ancho del mundo en las últimas cinco décadas. Al menos, ese ha sido nuestro humilde propósito.

1. Historia de la música disco

«La música disco es la música de los patitos feos del mundo, música para convertirse luego en cisnes.»

Levon Vincent

«La música disco le dijo al público que debía bailar, mientras el punk les dijo que no debían permanecer en la pasividad. A los artistas no les molestaba, lo fomentaban.»

Elizabeth Flock

El impulso de mover el cuerpo al son de la música es tan viejo como la propia historia de nuestra civilización. Pero no fue hasta los años setenta que comenzó a hablarse, al tiempo que se sucedían los avances tecnológicos y los hallazgos estilísticos, de una cultura del baile en el sentido moderno de la palabra. Su principal embajador fue la música disco. Un género denostado en su momento por el público más tradicionalmente *rockista*, y sin el cual difícilmente se entenderían el synth pop, el house, el techno y muchas otras de las ramificaciones estilísticas que fueron emergiendo en las décadas de los noventa, los dos mil y los dos mil diez.

La voz de los desclasados

La música disco fue en un principio el vehículo expresivo que daba voz y solaz a minorías marginadas. Un estandarte de liberación para muchos de ellos. Un elemento de cohesión social para nuevas hornadas de jóvenes ávidos de ocio nocturno. Un generador de subculturas urbanas y una factoría de canciones y álbumes inapelables. El soul, el funk y el rhythm and blues fueron sus ingredientes principales. Y la proliferación de grandes discotecas en ciudades como Nueva York, su principal fermento. Templos del baile como Studio 54, The Loft, Sanctuary, Danceteria o el Paradise Garage (aparecen sus historias detalladas en el capítulo 3 de este libro) se perfilaron como el teatro de los sueños de toda una generación. La expresión del hedonismo desbocado de amplias capas de la sociedad. En cierto modo, la música disco fue democratizadora. Propuso banda sonora a aquellos años que mediaron entre la crisis energética de 1973 y los opulentos años ochenta, marcados por severas doctrinas neoliberales que tuvieron su máxima expresión en las presidencias de Ronald Reagan y Margaret Thatcher.

Aquella segunda mitad de los setenta fue un periodo de profundas transformaciones, un lapso liminal (suelen ser los más jugosos) en el que parecía que cualquier cosa era posible. No es de extrañar que fueran dos minorías aún carentes de una digna visibilidad –las comunidades negras y homosexuales, a veces ambas a la vez– quienes impulsaran, luego en connivencia con latinos e italoamericamos, e incluso con el poder emancipador de la mujer, el fenómeno disco con la mayor determinación. El público, convertido en sujeto activo de aquella fiebre por su condición de bailarín individual, se convirtió por fin en protagonista. Y el disc jockey también mudó su rol, de un siempre selector de canciones a un chamán que podía elevar la temperatura de la pista con canciones que alargaban su duración para prolongar su clímax, y cuya concatenación podía ser –así se revelaba– todo un arte. Baste recordar los nombres de David Mancuso, Larry Levan o Francis Grasso entre los pinchadiscos más relevantes de la época: sin todos ellos y su particular forma de tramar sus sesiones no se entendería la primacía que la figura del DJ ha ido adquiriendo hasta nuestros días, en los que muchos de ellos gozan de una fama similar o superior a la que siempre tuvieron las grandes estrellas del rock.

El género tenía unos nexos obvios con la filosofía del Black Power, pero pronto se extendió como un reguero de pólvora gracias a su transversalidad, a su poder de contagio sin distinción de raza, nacionalidad ni condición sexual. La pista de baile del ocaso de los setenta propugnó, en muchos casos, un sentimiento de unidad comunal (a veces, rozando lo espiritual) que se prolongó muchos años después, cuando brotó el house y cuando más tarde germinaron las grandes congregaciones al aire libre –desde las raves a los festivales de música electrónica de hoy en día– y las sucesivas transformaciones de la música de baile a lo largo de los noventa.

La herencia del soul y el funk

El sonido Philadelphia, con sus mullidas y elegantes trazas, el funk elástico que propugnaban James Brown y luego Funkadelic o Sly & The Family Stone y el contagio rítmico de la Motown fueron algunos de los nutrientes necesarios para su eclosión. También, en menor medida, el soul cálido de la Stax y, más tarde, los ritmos latinos de la Salsoul. El bogaloo y también el afrobeat. E incluso el impulso emancipador de algunos de los titanes de la mejor música negra en su fase de madurez: Marvin Gaye, Stevie Wonder o Curtis Mayfield. Los ritmos 4/4 fueron imponiéndose como unidad de medida básica de la música de baile, y así hasta nuestros días. Es cierto que puede localizarse un muy lejano antecedente de la eclosión disco en la Francia ocupada por los nazis en la primera mitad de los años cuarenta del siglo pasado, cuando la resistencia se arremolinaba en torno a las gramolas de viejos clubes de jazz que eran anatema para las tropas de ocupación, pero la música disco tal y como la conocemos cobró su forma durante aquel decenio, entre 1973 y 1981, aproximadamente, en el que fue haciéndose poco a poco con los espacios de ocio nocturno de medio mundo.

Visionarios inventores de la remezcla (el remix) como Tom Moulton iban alargando la duración de las pistas para urdir una secuencia irresistible: una nueva lógica para la pista de baile, una ortografía sonora que justificase no solo eternas bacanales del ritmo, sino también una nueva disposición en las canciones que se diseminaban en cada una de las caras de un elepé, a veces con sus cortes enlazados sin solución de continuidad. El género disco es una música fundamentalmente de canciones, sí. No cabe duda. De hits pensados para la combustión instantánea, para prender la llama del baile y propagarse por las discotecas de medio mundo. Pero también es una música que en algunas ocasiones modificó la forma en la que hasta entonces se entendían los álbumes, aunque parezca que solo el rock progresivo y los viejos y largos discos conceptuales de guitarras hayan sido los culpables de que el elepé se perfilase como un elemento unitario que moldeaba un marco teórico concreto. No es así. El género disco también fue una música de extraordinarios álbumes que se tramaban como mucho más que una simple sucesión de canciones. No pierdan de vista el capítulo cuatro de este libro, en el que desgranamos algunas de las mejores canciones y los mejores elepés que alumbró el estilo.

Toda una cultura

La música disco es no solo la historia de los clubes, los disc jockeys y los discos que la dotaron de significado. Es también la historia de toda una retahíla de películas que expandieron –con mejor o peor suerte– su filosofía más allá de su crisol. Desde los tiempos de los filmes blaxploitation, en los que la problemática de la comunidad negra de los barrios marginales de las grandes urbes quedaba expuesta, hasta las superproducciones del Hollywood de la primera mitad de los años ochenta, hay todo un mundo (abordado en el capítulo tres de este libro) de música disco convertida en celuloide, en el que el bombeo irredento del baile en los grandes templos nocturnos queda plasmado con rotundidad.

Este trozo de historia, que se desarrolla a finales de los setenta y expande su eco hasta nuestros días, es también el relato de todas aquellas casas discográficas que apostaron por sus ritmos. Sellos como la californiana Casablanca, que editó desde 1973 algunos de los mejores discos de Donna Summer, Giorgio Moroder, Village People o Cameo. La neoyorquina Buddah Records, que había sembrado la semilla con excepcionales trabajos a cargo de los Isley Brothers, Gladys Knight and The Pips o Curtis Mayfield. La célebre Philadelphia International, que hizo lo propio con The O'Jays (su «Love Train», de 1972, es considerado uno de los primeros grandes singles del género), Harold Melvin & The Bluenotes, Teddy Pendergrass, MFSB, Phyllis Hyman o McFadden & Whitehead. La sureña TK Records, cuna de la exultante música disco de Miami (Florida), que alumbró grandes canciones a cargo de KC & The Sunshine Band, George y Gwen McCrae, Otis Clay o Benny Latimore, la neoyorquina Salsoul, en donde se fraguaron los discursos mestizos y calientes –deudores hasta cierto punto del sonido Philadelphia– de Joe Bataan, Jocelyn Brown y Loleatta Holloway, y (cómo no) la transoceánica RSO de Robert Stigwood, que alentó el disco que más hizo por popularizar el género en todo el mundo: la banda sonora de la película *Fiebre del Sábado Noche* (1977), capitalizada por los Bee Gees. Incluso el sello Fantasy de Harvey Fuqua, que despachó los discos de la mejor época de Sylvester (precedente necesario del sonido Hi-NRG, que hizo furor en Europa en los ochenta) o la neoyorquina Ze Records, que trabó complicidad entre la escena del punk y la de la música disco, con una serie de artistas de impulso bastardo que ya exceden los lindes de este libro.

El primer sonido netamente europeo

Europa no fue, obviamente, ajena a este seísmo. Y ofreció su receta particular, fuertemente marcada por el pulso metronómico y los ritmos casi robóticos del productor italoaustriaco Giorgio Moroder, quien desde su estudio en Múnich alentó un nuevo sonido en frecuente alianza con Pete Bellotte y Donna Summer –y que a su vez reflejaba la sombra de los germanos Kraftwerk– y del francés Marc Cerrone. Empezó entonces a hablarse de cosmic disco y, algo más tarde, de eurodisco (en sentido ampliamente europeo) y luego de italodisco (una óptica plenamente transalpina pero exportada a muchos otros lugares del continente). Desde el viejo continente se impulsó con orgullo un relato de música disco generalmente diferenciado –aunque no siempre: los alemanes Silver Convention o los británicos Hot Chocolate apenas se diferenciaban de sus homólogos norteamericanos– que trazó toda una línea sucesoria: desde los geniales ABBA hasta los no menos geniales Pet Shop Boys (tan deudores del italo y del Hi-NRG), pasando por deliciosas extravagancias como Boney M o Raffaella Carrà, delicatessen como Patrick Juvet o Jean Jacques Perrey, el disco funk dislocado del austriaco Falco o la irresistible efervescencia del italodisco, del que sobresalieron Righeira, Gazebo, La Bionda, Pino D'Angio o aquellos Klein + MBO cuyo «Dirty Talk» bien puede ser una milagrosa muestra de house avanzado a su tiempo, desde Milán (y no Chicago). Sin olvidarnos, por supuesto, de España y algunos de sus fenómenos disco más descollantes: entre lo docto (Juan Carlos Calderón) y lo kitsch (Susana Estrada), pasando por Baccara, el primer Miguel Bosé, Iván, la saga Alaska y Dinarama/Fangoria, Carlos Berlanga o los incombustibles Fundación Tony Manero.

Contagio al mundo del rock

Los encantos de la música disco, cuando su mecha ya había prendido *urbi et orbi*, desfloraban también un manjar apetecible para cualquier figura del mundo del rock de guitarras que quisiera empatizar con las nuevas tendencias del momento y no perder el tren de los tiempos. Muchos de ellos no quisieron apolillarse, bregaron además por apuntarse a caballo ganador y ejecutaron interesantes *liftings* sonoros que (en la mayoría de los casos) no encarnarían su mejor versión, pero tampoco –ni mucho menos– la peor. Así fue como, entre 1978 y 1983, músicos como The Rolling Stones, David Bowie, Elton John, Robert Palmer, Rod Stewart, Blondie, Kiss, Electric Light Orchestra o Paul McCartney facturaron una espléndida ristra de canciones (a veces la inmersión les daba para un álbum completo, aunque no fuera lo habitual) que no podían negar su evidente nexo con la música disco. El género se hacía extremadamente popular ya en sus manos, y con ello anticipaban la eclosión posterior del *crossover*, el cruce de caminos estilístico del que Madonna, Prince, Michael Jackson, Janet Jackson o Whitney Houston sacarían un enorme partido a lo largo de los ochenta, exprimiendo una fórmula en la que el legado disco aún tenía su peso.

Huelga decir que no todo el mundo lo asimiló. Ni mucho menos. La música disco vivió en 1979 posiblemente la mayor ceremonia de escarnio que se le recuerda a cualquier género de la música popular. Como si fuera poco menos que el culpable de todos y cada uno de los males de la sociedad occidental, el síntoma de una sociedad que se despeñaba –según algunos– por el abismo de la superficialidad y el derrumbe moral. En la noche del 12 de julio de 1979, el estadio Comiskey Park de Chicago acogía un partido de béisbol entre el equipo local, los Chicago White Sox, y los Detroit Tigers. En un receso del mismo, y alentados por el locutor Steve Dahl, quien llevaba meses capitaneando una cruzada anti-disco a través de las ondas desde su tribuna de supuesto defensor de la integridad del rock, cientos de espectadores irrumpieron sobre el terreno de juego para quemar y destrozar (literalmente) cientos de vinilos de música disco, con la permisividad del dueño del club, quien se había aliado con Dahl regalando la entrada a todo aquel que portase un disco del género en sus manos. Era una de las pocas maneras que se le ocurrían al directivo del club para incrementar el alicaído índice de asistencia a los partidos de su equipo, sumido en la parte baja de la clasificación. La policía tuvo que intervenir para dispersar a la enloquecida turba. Huelga decir que, pese a que tan chusco suceso haya pasado a la historia de la música disco como el principio de su fin, no por ello impidió que durante al menos un par de años más se siguieran facturando estupendos trabajos en esas claves, aunque siguieran arqueando la ceja de los defensores de las supuestas esencias.

La era post disco

La música disco vio como en los ochenta se empezaban a licuar la mayoría de sus preceptos, pero no por ello desaparecían, tan solo se transformaban en otra cosa. La predominancia de los sintetizadores, las cajas de ritmos, la creciente sofisticación de las nuevas producciones y la irrupción de nuevos estilos (el synth pop, el new romantic) hizo que su eco se fuera apagando poco a poco, pero residualmente podía testarse su influjo en el emergente hip hop (al fin y al cabo, la línea de bajo del «Good Times» de Chic es la que sostenía el «Rapper's Delight» de Sugarhill Gang, primer gran hit del mundo del rap), en el advenimiento de la música house que tuvo como epicentro a Chicago a mediados de los ochenta, en la implantación del sonido Hi-NRG (con Frankie Goes To Hollywood, Bronski Beat, Erasure o algunos momentos de Pet Shop Boys fagocitando los hallazgos previos de Evelyn Thomas, una estrella tardía que venía de la música disco) y en su posterior evolución en el sonido Stock, Aitken & Waterman, con el que estos tres productores británicos encumbraron a Kylie Minogue, Rick Astley, Bananarama e incluso reflotaron –en un curiosísimo cierre del círculo– la entonces agonizante carrera de Donna Summer. También la moda británica del acid jazz, a finales de los ochenta, reivindicó algunas de las trazas de la música disco.

Los años noventa llegaron marcados por la fase de expansión del fenómeno del acid house, la cultura rave –que expandía el campo de pruebas de la música de baile de las discotecas a los grandes espacios abiertos– y los ritmos electrónicos mucho más espídicos y agresivos, en los que la huella de la música disco ya era prácticamente inapreciable: el eurobeat y el eurodance, el sonido gabber holandés, el new beat belga, la EBM (Electronic Body Music) que se gastaban los belgas Front 242 o los británicos Throbbing Gristle y Nitzer Ebb, el nuevo rock industrial de Nine Inch Nails y todos los estilos que emanaban de la cultura rave y hardcore, como el jungle, el drum'n'bass, el bleep, el happy hardcore y la posterior irrupción del big beat (electrónica para un público rock: Underworld, The Prodigy, Chemical Brothers y luego Fatboy Slim), sin olvidarnos de alternativas más sosegadas y atmosféricas como el ambient, los sonidos chill out o el trip hop. Un auténtico marasmo de nuevos estilos de música de baile en donde el legado inicial de la música disco era prácticamente obviado, más allá de deliciosas anomalías como fueron el trío Deee – Lite a principios de la década. No muy diferente era el panorama en la cuna de la música disco, los EE.UU., en donde las producciones del sonido new jack swing, el hip hop en su fase de consolidación (desde la combatividad de Public Enemy o NWA al colorido neohippy de De La Soul o Arrested Development) y los albores del r'n'b moderno (TLC, En Vogue) mostraban tal evolución respecto al legado disco que ya ni siquiera cabía hablar en la primera mitad de los noventa de una música disco que sostuviera su daguerrotipo visible bajo nuevas formas. Ni siquiera arraigó allí la cultura rave que sí arrasó en media Europa, con lo que el relato de la música de baile en los noventa yanquis, cegados por el poderío del grunge y del rock alternativo en sus múltiples formas, era bastante más *underground* que en el viejo continente (lo que explica que luego cundiera allí la fiebre EDM –electronic dance music– en los 2000, dado que era un territorio mucho más virgen, pero esa es ya otra historia).

El gran legado de la música disco

La música disco era a mitad de los noventa un género prácticamente olvidado, apenas sujeto a cuatro estereotipos nostálgicos, aunque presto ya a someterse a ese mayor o menor revival al que se veía sujeto antes cualquier estilo a los veinte años de su irrupción por mor del reciclaje, incentivado por los periodos cíclicos. Y ya cuando los noventa estaban a punto de enfilar su recta final, esa vuelta se empezaba a oler en el ambiente.

Ningún otro país jugó un rol más determinante en la reformulación de los preceptos disco que Francia. El llamado *french touch*, expresión acuñada por los medios, fue una forma muy elegante y genuinamente gala de modular una música house que exhibía orgullosa sus deudas con la música disco. Mientras en el resto de Europa predominaban los sonidos duros, a veces marciales, del jungle y el drum'n'bass británicos, de la electrónica de los Países Bajos e incluso de la renacida Berlín, la música disco comenzaba a asomar de nuevo el morro a través de las producciones house de toda una pléyade de músicos franceses: Motorbass y sus dos integrantes (primero Étienne de Crécy y luego Phillipe Zdar al frente de Cassius), St. Germain, Dimitri From Paris, Mr. Oizo y, especialmente, Daft Punk (y la breve aventura paralela de uno de sus miembros, Stardust), tramaban con mayor o menor finura composiciones no exentas de cierto glamour, armadas sobre el clásico patrón rítmico de cuatro por cuatro.

Resulta paradójico que tuviera que ser un sello escocés, Soma, el primero en poner en circulación las canciones de Daft Punk. Y sintomático del poco recorrido que, erróneamente, se le auguraba a aquella música. El éxito descomunal de singles como «Da Funk» (1995) o «Around The World» (1997) les elevó al estatus de estrellas internacionales, poniendo el foco en toda aquella generación de músicos franceses que empezaron a gozar del favor de crítica y público. De entre todos ellos, son Daft Punk quienes con más ahínco han seguido defendiendo el rescate de emblemas de la música disco, tanto en su sonido como mediante sus colaboraciones (Giorgio Moroder, Nile Rodgers), prácticamente hasta nuestros días.

Con el cambio de siglo, ya en los dos mil, dos nuevas corrientes resucitaron aquel singular cruce entre música disco y filosofía punk que se gestó a finales de los setenta en ciudades como Nueva York: el revival post punk, que en su versión bailable dio vida a proyectos absolutamente fundamentales, como los !!! o los también neoyorquinos LCD Soundsystem y su sello DFA Records; y el electroclash, que a través de Felix Da Housecat, Tiga o los franceses Black Strobe, también se nutría de la música de la era de las bolas de espejos desde una óptica desprejuiciada y algo postmoderna.

Germinaron también a principios de siglo etiquetas como la del nu disco, al mismo tiempo que se volvía a poner en boga el cosmic disco europeo de finales de los setenta y principios de los ochenta y la reivindicación de músicos como Danielle Baldelli. Las nuevas generaciones del house, por su parte, como buenos hijos bastardos de la música disco, seguían dejando permear su herencia en sus nuevas creaciones: Ten City, Adeva, Deep Dish, Metro Area, Moloko o Presence lo hicieron entre finales de los noventa y la primera mitad de los dos mil. Y ya bien entrado el siglo XX, tanto en los 2000 como en los 2010, nombres de ambos lados del océano como Roosevelt, Disclosure, The Gossip, Hot Chip, Justin Timberlake, Hercules & Love Affair, Calvin Harris, Metronomy, Fundación Tony Manero, Caribou, Music Go Music, Robyn, La Roux, Róisín Murphy, Little Boots y muchísimos más han seguido manteniendo, a su manera, muy viva la llama de una forma de hacer música que ha gozado de un recorrido mucho más amplio del que le auguraban sus detractores.

La música disco vista desde la actualidad

Se suele decir que el tiempo pone a cada uno en su lugar. Que tomar distancia respecto a determinados fenómenos es esencial para poder analizarlos con la debida perspectiva. Y hay mucho de cierto en ello. La música disco, tal y como se conoció durante la segunda mitad de los años setenta, murió de éxito. Cuando se convirtió en una moda mundial y pasó a formar parte del *mainstream*, generó el rechazo de cualquier manifestación artística que se torna masiva y se desvirtúa. Pero eso no significó, ni mucho menos, que su legado no fuera luego palpable en sucesivas generaciones de músicos. La misma génesis del hip hop –la línea de bajo del «Rapper's Delight» de Sugarhill Gang, de 1980– es abiertamente deudora de uno de los mayores éxitos de la era disco, la del «Good Times» de Chic, lo que ya por sí solo explicita su rol como una parte indispensable en la evolución de la música negra en particular y de la música popular en general.

Si bien hubo una época en la que muchos de los artistas contemporáneos ni osaban mentar la influencia de la música disco sobre sus discursos, todo eso empezó a cambiar (como ya hemos visto) a mediados de los noventa. Hoy en día, buena parte de los productores de música house –la rama de la electrónica que goza de mayor predicamento popular en las últimas dos décadas– asume sin disimulos la herencia disco. El popular DJ y músico francés Bob Sinclair comentaba recientemente, en una entrevista concedida al periodista Alejandro Serrano, de la revista *Squire España*, ser un gran fan de Sugarhill Gang, Kool & The Gang, del programa *Soul Train* e incluso de Raffaella Carrà, con quien llegó a colaborar. A la pregunta de si el sonido house, del que es uno de sus máximos valedores, es eterno, él decía lo siguiente: «No, es el sonido disco el que es eterno, el que nunca se ha acabado de ir. Siempre que pincho «It's Raining Men» (The Weather Girls), funciona, porque tiene energía. Y la gente siempre va a querer bailar y divertirse, quieren evadirse».

El listado de disc jockeys, músicos y productores de la actualidad que reconocen en público la influencia de los mitos de la era disco continúa, porque es enorme: el londinense Wrongtom con Grace Jones, los americano-australianos The Golden Finter con Donna Summer, el francés Yuksek con Sylvester, el alemán Roosevelt con Chic –siempre ha reconocido el ascendiente de la forma de tocar la guitarra de Nile Rodgers– o la última sensación en territorio disco pop, los australianos (afincados en Berlín) Parcels, quienes también se declaran firmes devotos de Chic y de su herencia, en ocasiones filtrada a través de Daft Punk. A estas alturas, visto lo visto y oído lo oído, tiene poco sentido negar la valía histórica de toda la música que desgranamos a continuación.

2. Los artistas

Cartografía de la música disco

Hemos dividido el cómputo creativo de la música disco en ocho focos geográficos y uno más estilístico: Nueva York, Philadelphia, el núcleo formado por Detroit, Minneapolis y Chicago (las ciudades del norte), el triángulo formado por California, Florida, Memphis y Texas (estados del sur), Europa, España, Latinoamérica y África, así como un apartado dedicado a aquellos emblemas del rock que se sumaron a la fiebre disco del momento, entre finales de los setenta y principios de los ochenta. Esta es su historia. Que no se escribe precisamente en minúsculas.

Nueva York
Epicentro de la cultura disco

«La música disco es el mejor espectáculo de la ciudad. Es muy democrático, chicos con chicos, chicas con chicas, chicas con chicos, negros y blancos, capitalistas y marxistas, chinos y de cualquier otra raza, todos mezclados.»

Truman Capote

No hay una ciudad que explique mejor lo que fue el fenómeno de la música disco que Nueva York. Surgido como vía de escape ante la crisis económica que estalló en 1973 y como expresión del ansia de liberación de gran parte de la población urbana gay, negra, latina e italoamericana durante aquella segunda mitad de los años setenta, la explosión disco no podía tener mejor escenario ni tampoco una pasarela mediática más eficaz que la Gran Manzana. Discotecas como Studio 54, The Loft, Danceteria, Paradise Garage, Funhouse o The Sanctuary, disc jockeys como Francis Grasso, David Mancuso, Larry Levan, Mark Kammins, John «Jellybean» Benítez o Arthur Baker y músicos como Chic, Donna Summer, Kool & The Gang, Gloria Gaynor, Grace Jones, Village People, Van McCoy, Tavares, Dr. Buzzard's Original Savannah Band, Chaka Khan o Cameo conformaron un exuberante tapiz de sonidos que apelaban de forma muy directa a la pista de baile, con más rotundidad y menos complejos que en ningún otro rincón del planeta, y proyectaron su eco a todo el mundo justo en el momento en que aquella música rozaba su cénit. Y no hay estampa más popular de todo aquello que la de los Bee Gees y sus canciones para la película *Fiebre del Sábado Noche* (John Badham, 1977), en la que aquel Tony Manero que encarnaba John Travolta representaba al humilde trabajador urbanita que veía cómo su vida podía dar un vuelco y prácticamente convertirse en otra persona por mor de la pista de baile a lo largo de todo un fin de semana.

En solo unos pocos años, y pese a que desde sectores inefablemente conservadores de la sociedad norteamericana se había generado un tozudo movimiento en su contra (la *Disco Demolition Night* de Chicago, en julio de 1979), la música disco había sedimentado unos modos de hacer música que en Nueva York alumbraron a toda una generación: la de Madonna, que fue una de las grandes estrellas surgidas de ese entramado nocturno, pero también la de la primera Whitney Houston, la de los fabulosos Deee – Lite a principios de los noventa o la sensual Kelis a finales de la misma década. Y como no podía ser de otra forma en una ciudad que siempre presumió de vanguardia, los caminos de aquella música se llegaron a cruzar también con los del punk y la new wave en la bendita discografía de Ze Records y en decenas de músicos que asumieron su herencia décadas más tarde. Sin todo aquel legado, no se entendería que una bola de espejos capitalizase la portada del debut de un proyecto tan del siglo XXI como LCD Soundsystem. Nueva York galvanizó la música disco como ninguna otra urbe.

Arthur Baker
Gurú en la sombra
1982 – 1996, 2006

Su aportación no fue quizá determinante para entender la evolución de la música disco en la Nueva York de los primeros ochenta, pero este DJ y productor nacido en Boston sí jugó un rol pivotal en los orígenes del hip hop y el electro, dos géneros que prácticamente nacen del caldo de cultivo nocturno que había ido fermentando en la escena de clubes de la ciudad  desde unos años antes. El acercamiento definitivo de New Order a la música de baile, así como ese aparentemente inverosímil cruce entre la frialdad maquinal de Kraftwerk y la elocuencia hip hop que supuso el «Planet Rock» de Afrika Baambataa, tienen su sello. Y fue uno de los primeros productores del ramo en fagocitar éxitos de la primera era disco, como hizo con el «Funky Sensation» de Gwen McRae de 1981, que convirtió en «Jazzy Sensation» en manos de Afrika Baambataa, en 1982.

La vida de Arthur Baker cambió cuando se cruzó en su camino Tom Moulton, el histórico productor de algunos de los remixes más cotizados de la primera era disco: los del «Never Can Say Goodbye» de Gloria Gaynor, el «Disco Inferno» de Trammps o el «Love is the Message» de MFSD, así como la producción de los tres primeros álbumes de Grace Jones, entre 1977 y 1979. Hasta entonces era simplemente un DJ al que le gustaba pinchar clásicos del soul y del sonido Philadelphia. Moulton se ofreció a remezclar y editar las canciones que hasta entonces había compuesto Baker en su álbum *TJM* (1980), aunque sin acreditarlas a su nombre, en un curioso ejercicio de apropiacionismo de perro viejo que dejó a Baker francamente escaldado, sintiendo que le habían tomado el pelo. Sea como fuere, a partir de ahí se embarcó en una carrera como productor durante la que trabajó con New Order («Confusion», de 1983, y «Thieves Like Us», de 1984), Diana Ross («Swept Away», 1984),

Jimmy Sommerville («I Believe In Love», 1989) y otros proyectos más o menos relacionados con la herencia de la música disco. Su notable álbum *Merge*
(1989) contó con colaboraciones de Robert Owens, Martin Fry (ABC) y otros
músicos a quienes antes ya había tenido ocasión de producir.

Bee Gees
Reinvención desde la pista de baile
1958 – 2003, 2009 – 2012

Ha perdurado en el imaginario popular la estampa de los hermanos Gibb
como la de tres Adonis de la era disco, por siempre embutidos en unos ce-
ñidos pantalones de campana y camisas floreadas, prestos a entonar falsetes
estratosféricos: los tipos que facturaron el incombustible «Stayin' Alive» en
1977, punta de lanza de la banda sonora de la película *Fiebre del Sábado Noche*
(John Badham, 1977), que arrasó en todo el mundo gracias a la epopeya
urbana protagonizada por un John Travolta en el cénit de su carrera, dando
vida a Tony Manero, aquel muchacho italoamericano que se redime de todos

sus pecados en las discotecas del Nueva York de finales de década, convertido en el rey de la pista. Pero, aunque esa es –sin duda– la estampa que más nos interesa destacar aquí, sería injusto obviar una primera fase de su discografía en la que ya mostraron sus extraordinarias dotes para la creación de gemas de pop abigarrado, en la estela de los Beatles más complejos, los Moody Blues, los Zombies y otros orfebres del relato pop de finales de los sesenta: la época de discos como *Bee Gees 1st* (1967), *Horizontal* (1968), *Idea* (1968) o el monumental *Odessa* (1969), tan reevaluables en su conjunto como por la retahíla de canciones célebres que generaron, caso de «Massachussets», «To Love Somebody», «I Started a Joke» o «Melody Fair», todos facturados a partir de su mudanza desde la Australia en la que se habían criado a su Reino Unido natal, guiados por su pigmalión, el productor Robert Stigwood.

Todo empezó a cambiar para Barry Gibb (1946), Maurice Gibb (1949-2003) y Robin Gibb (1949-2012) desde el momento en el que Ahmet Ertegün, capo de Atlantic Records, les recomienda grabar con Arif Mardin (productor de Aretha Franklin, Chaka Khan o Dionne Warwick), y las sesiones se traducen en *Mr. Natural* (1974), un disco escorado al soul de Philadelphia, que ya pone el foco sin disimulo en la tradición reciente de los sonidos negros y se olvida del pop británico. El cambio de tercio se confirma, ya establecidos en los EE.UU., con un *Main Course* (1975) que agiliza el *tempo* de sus canciones, las arrima al funk –como en el caso de «Jive Talkin'» o «Nights On Broadway»– y revitaliza su carrera comercial, que amenazaba declive. El desmelene disco definitivo llega con *Children of the World* (1976), la primacía de los sintetizadores y la entronización definitiva del falsete de Barry Gibb, patentes en pelotazos como «You Should Be Dancing», «Boogie Child» o «Subway», deliciosas incitaciones al movimiento de caderas bajo luces estroboscópicas y bolas de espejos. Y la eclosión planetaria llega, por supuesto, con la banda sonora de *Saturday Night Fever* (1978), a la que aportan seis temas, entre ellos los megapopulares «Stayin' Alive», «Night Fever», «How Deep Is Your Love» y «More Than a Woman», que difunden la estética y el sonido de la música disco por todo el globo y les convierten en pasto de consumo masivo, absolutamente interclasista, lejos ya del sesgo con el que germinó el género, asociado a las comunidades negra y gay de grandes urbes como Nueva York.

La buena racha se mantuvo mientras estuvieron subidos a la cresta de la ola de la fiebre disco, con álbumes tan pintones como *Spirits Having Flown* (1979), que generaron más rompepistas («Tragedy») y más baladas sentimentales («Too Much Heaven»), y que al mismo tiempo ponían conveniente sordina a fiascos como la nefasta película y banda sonora que perpetraron sobre el *Sgt. Pepper's Lonely Hearts Club Band* de los Beatles en 1978, una maniobra directamente punible. Tan pronto como el arrebato mundial por la músico disco comenzó a declinar, su propia carrera también experimentó una lenta pendiente hacia abajo, con eventuales repuntes como el éxito del single «You Win Again» en 1987. Ellos mismos fueron los primeros en considerar a la música disco como una bendición y, a la vez, una maldición, por el encasillamiento al que se vieron confinados. Maurice Gibb falleció en 2003, Robin Gibb en 2012, y tan solo Barry Gibb mantiene hoy en día la llama de su sonido con sus discos en solitario y sus actuaciones. Y aunque a la fuerza imbuidos de cierto prurito nómada, británicos criados en Australia y luego residentes en los EE.UU., lo cierto es que su música permanece firmemente anclada al imaginario del seísmo disco que se fraguó en la Gran Manzana a finales de los años setenta.

Cameo

Elástico funk neoyorquino
1974

Siempre liderados por la vigorosa voz de Larry Blackmon, Cameo han sido una de las marcas más longevas de entre las que sirvieron de eslabón entre el funk sincopado y el soul sofisticado de la primera mitad de los setenta y la incipiente fiebre disco que les sucedió a partir de su segunda mitad. Gran parte de su prestigio se cimenta en su estupendo debut, *Cardiac Arrest* (1977), con apelaciones directas a la pista de baile como «Rigor Mortis» o «Find My Way», que fue incluida en la banda sonora original de la película *¡Por fin es viernes!* (*Thank God It's Friday*, Robert Klane, 1978), uno de los títulos de culto de la era disco. Pero su tránsito albergó una segunda juventud a partir del éxito planetario de «Word

Up!», su *single* más conocido, y el álbum homónimo que lo acunaba, en 1986. Habían comenzado tres años antes de su debut como New York City Players, formación de catorce miembros –aunque el núcleo lo formaban el propio Blackmon, Tomi Jenkins y Nathaniel Leftenant– que se vio obligada a cambiar de nombre para evitar confusiones con los Ohio Players, también adscritos a la religión del funk.

Influidos por Parliament, Funkadelic, The Bar-Keys y otras células funk de vuelo libre y escaso apego por ninguna ortodoxia, Cameo surcaron el final de los setenta y la primera mitad de los ochenta a lomo de álbumes tan fiables, consistentes y elásticos como *Ugly Ego* (1978), *Secret Omen* (1979), *Cameosis* (1980) o *She's Strange* (1984), hasta que con el notable *Word Up!* (1986) y su imbatible tema titular refrendan su proverbial capacidad para adaptarse a los tiempos y valerse de los adelantos de la tecnología, con guiños a los ritmos fracturados del hip hop y al sonido Hi-NRG, en una estela similar –salvando más que evidentes distancias– a la de Prince. El escasamente imaginativo *Machismo* (1988) trató de repetir la fórmula pero lo hizo con bastante menos esmero, y a partir de entonces se fue diluyendo una carrera que mantuvo un regular pero poco inspirado pulso editor hasta principios de los 2000.

Chic
Poder freak
1976 – 1983, 1990 – 1992, 1996

Una historia mil veces contada, pero paradigmática por cuanto muestra el poderío transversal, emancipador y popular de la música disco prácticamente desde su misma génesis: el guitarrista, compositor y arreglista Nile Rodgers (1952) y el bajista y también compositor Bernard Edwards (1952-1996) se citan en la puerta del mítico y exclusivo Studio 54 neoyorquino, en la nochevieja de 1977. Teóricamente, han sido apuntados en la lista de invitados por Grace Jones, ya toda una celebridad. Sin embargo, el personal de puerta les deniega la entrada, y han de volver a casa compuestos y sin poder acceder a la discoteca de moda en la Gran Manzana. Sintiéndose unos parias, idean esa misma noche «Le Freak», que se convertiría en uno de los grandes himnos de la era disco y –desde luego– en la canción más conocida del tándem. Un éxito sin paliativos. Era su gran venganza contra el elitismo que envolvía aquel primer entramado de clubs nocturnos antes de que la llama de la música disco prendiera en todo el mundo.

Para entonces ya habían despachado un satinado álbum homónimo de debut (*Chic*, 1977), que les acreditaba como consumados maestros en el arte de somatizar las enseñanzas del funk, el soul y el eurodisco, aunque en su momento fuera despreciado por una crítica aún recalcitrantemente *rockista*. Eran composiciones pulidas bajo las directrices orgánicas propias de dos músicos que se habían curtido en la ortodoxia del jazz: por algo la forma de tocar la guitarra de Rodgers y el bajo de Edwards se hicieron tan reconocibles e influyentes sobre cientos de músicos durante las siguientes décadas. «Dance, Dance, Dance» y «Everybody Dance» – no hay lugar para el equívoco sobre sus intenciones – fueron dos de los aldabonazos de aquel debut, pero el gran salto cualitativo llegaría con sus dos secuelas, los fantásticos *C'est Chic* (1978) y *Risqué* (1979), con fastuosos rompepistas como el mentado «Le Freak», «I Want Your Love», «My Feet Keep Dancing» o «Good Times», cuya totémica línea de bajo fue pronto *sampleada* en el «Rappers Delight» de Sugarhill Gang y luego fusilada por Queen un año después en «Another One Bites The Dust». Sirvieron como cimientos, ya se ve, para el hip hop y el rock de la siguiente década. Sus canciones albergaban ritmos cimbreantes y distinguidos, sin estridencias, que enlazaban con el legado de la mejor música negra y cobraban tanta funcionalidad en la pista de baile como –en el caso de sus prolijos medios tiempos– en la comodidad del hogar. Música tan presta para el goce comunal como para el deleite más íntimo.

El frenético devenir de tendencias y la rápida polinización de estilos de principios de los años ochenta resta relieve mediático a sus tres siguientes álbumes, porque en ellos su fórmula tampoco varía en lo sustancial: *Real People* (1980), *Take It Off* (1981) y *Tongue In Cheek* (1982) son irreprochables productos que suenan –ay– prematuramente superados por las modas imperantes. Y para cuando se deciden a actualizar su sonido (incorporando cajas de ritmos, teclados sintéticos y procesadores de voz, en la onda de lo que esgrimía entonces Prince) pasan prácticamente desapercibidos, con un *Believer* (1983) que obtuvo poca pena y aún menos gloria. Lo irónico del asunto a esas alturas es que su firma como productores se antojaba el mejor salvoconducto para reflotar carreras ajenas en entredicho o para relanzar estrellas en ciernes: la producción, composición y ornamentos instrumentales de ambos fueron esenciales para que *We Are Family* (1979) de Sister Sledge, *Diana* (1980) de Diana Ross, *Let's Dance* (1983) de David Bowie o *Like a Virgin* (1984) de Madonna se convirtieran en rutilantes álbumes, de los que definen a la perfección toda una época.

Tras unos años embarcados en proyectos paralelos, a principios de los noventa protagonizaron un discreto regreso con *Chic-Ism* (1992), pero es con el cambio de siglo cuando el perfil de Chic empieza a ser reivindicado con los honores que su lugar en la historia merecen, idolatrados por músicos mucho más jóvenes que capitalizan el interés de la nueva escena electrónica y que fagocitan algunos de los hallazgos de Rodgers y Edwards. Lástima que tuviera que ser una nueva encarnación escénica del dúo, ya irremediablemente sin Bernard Edwards (fallecido en 1996 por una fatal neumonía en plena gira), la que acompañase desde los grandes escenarios ese reconocimiento popular, que obtuvo su cénit con el rol estelar de Nile Rodgers en tres de los temas del aclamado *Random Access Memories* (2013) de los galos Daft Punk, en el que también se rescataba la figura de otro ilustre de la era de esplendor de la música disco como Giorgio Moroder. La guitarra de Edwards, a dúo con la voz de Pharrell Williams en el tema «Get Lucky», estuvo omnipresente a lo largo de aquel año en toda clase de emisoras de radio y cadenas de videoclips musicales. A principios de 2019 vio la luz, 27 años después y tras ser pospuesto en varias ocasiones, un nuevo álbum de Chic. Con un título revelador, *It's About Time* (2018), y con una espectacular nómina de invitados: Bruno Mars, Debbie Harry, Pharrell Williams, Janelle Monae, Haim, Disclosure o David Guetta. Deparó un saldo estimulante, pero inevitablemente superado por el tiempo. Un trabajo que fluye con más naturalidad en aquellos cortes en los que Rodgers se dedica simplemente a ser él mismo, y no a intentar sonar a 2018.

Deee-Lite
Hijos del groove
1986 – 1996

Vástagos de la cultura del sampler, contagiados por la arrolladora profundidad de los teclados del deep y el latin house y herederos innegables del sustrato disco de su ciudad, Nueva York, Deee-Lite fueron una de las células creativas que con más tino supo trasladar el imaginario colorista, despendolado y bailable de la era de las bolas de espejos, las plataformas y las lentejuelas a una nueva época (principios de los noventa) en que todo aquello ya estaba comenzando a dejar de ser algo demodé para convertirse en objeto de revisión. Lo hicieron, sobre todo, a través de un single de éxito mundial, el celebérrimo «Groove Is In The Heart», punta de lanza del sensacional *World Cliqué* (1990), su primer álbum.

Aquel irresistible sencillo, con las colaboraciones de lujo de Bootsy Collins, Maceo Parker y A Tribe Called Quest, y con aquel delirante y magnético videoclip que se emitió sin desmayo en la MTV, fue el gran culpable de que este trío multicultural, integrado por la norteamericana Lady Miss Kier, el japonés Towa Tei y el ucraniano DJ Dmitry, gozara de unos cuantos meses de gloria en todo el mundo. «Groove Is In The Heart», aún presente en sesiones de DJ y radiofórmulas de todo pelaje, es un clásico indiscutible de la mejor música de baile, digno heredero del universo alucinado de George Clinton y Sly & The Family Stone.

Aquel fantástico debut, también sazonado con ritmos de hip hop y brotes de electro, fue prologado con los estimables (aunque no tan inspirados) *Infinity Within* (1992) y *Dewdrops In The Garden* (1994), este último ya con fuerte componente rave, algo que seguramente despistó a más de un seguidor.

Ambos fueron acogidos con relativo mutismo por parte del gran público y justificada discreción por la crítica. Tras separarse en 1996, tanto la carismática Miss Kier como Towa Tei han seguido ligados a la música, con puntuales actuaciones en directo (en el primer caso) y nuevos discos (en el segundo).

Dr. Buzzard's Original Savannah Band
Aliento orgánico
1976 – 1979

Esta banda del Bronx encarnó seguramente la más bendita anomalía de la era disco neoyorquina, fomentando una amalgama orgánica de sonidos que tendía un puente entre la nostalgia y el vértigo ante el inminente futuro, entre la tradición y ese rabioso presente que se escribía ya con caracteres indelebles en los estudios y las discotecas de la ciudad. Su propuesta integraba elementos de la era dorada de las big bands, del calypso, de la rumba y hasta del cha cha cha, logrando que combinasen con naturalidad en los mentideros del baile de la época: por algo su presencia era más que habitual en Studio 54, el gran templo nocturno de finales de los setenta. El núcleo de la banda lo  habían formado los hermanos Stony Browder Jr y Thomas Browder (conocido también como August Darnell) en 1974. Una formación que se completó con la vocalista Corey Daye, el batería Mickey Sevilla y el percusionista Andy Hernández (Coati Mundi). En un momento en que las victorias se contaban por singles de impacto, lograron su mayor repercusión con «Chechez La Femme/Se Si Bon», uno de los temas extraídos de su estupendo álbum de debut homónimo, *Dr. Buzzard's Original Savannah Band* (1976).

Sus dos siguientes trabajos largos, *Dr. Buzzard's Original Savannah Band Meets King Pennett* (1978) y *Dr. Buzzard's Original Savannah Band Goes To*

Washington (1979) prolongaron la fórmula, pero las desavenencias entre Stony Browder y August Darnell hicieron que el proyecto se fuera a pique. Al menos tal y como se le conocía, porque *Calling All Beatniks!* (1984) ya no gozó del concurso de Darnell, quien se volcó desde entonces –llevándose a Andy Hernández– en su nuevo alter ego, Kid Creole & The Coconuts (con una extraordinaria saga de elepés desde 1980) y en su rol de productor para el sello Ze Records, instigador de la fusión entre filosofía punk, instantaneidad new wave y música disco. Nutrientes aparentemente opuestos, pero gloriosamente hermanados cuando no hay prejuicios de por medio. Y ese era el caso de Darnell y las dos bandas que integró, dos versos sueltos cuya discografía siempre vale la pena rescatar y reivindicar.

Gloria Gaynor
Supervivencia a prueba de bombas
1965

No hay una canción de la primera era disco que haya experimentado más lecturas que «I Will Survive», el *hit* eterno que la portentosa garganta de esta vocalista de Newark (Nueva Jersey) lleva cuarenta años cantando por todos los rincones del mundo. Convertida desde hace años en un himno a la resiliencia, adoptado sin fisuras por la comunidad gay, por el movimiento feminista o por cualquier minoría social que la adopte como emblema, poco importa que en origen apenas fuera una historia personal de superación tras una ruptura sentimental. Así es al menos como la idearon Freddie Perren y Dino Fekaris, su tándem compositor. Es una de esas canciones universales, que una vez pasan a formar parte del acervo popular dejan de pertenecer a sus creadores para anidar en el imaginario de la gente, capaz de otorgarle múltiples significados. Las versiones y diferentes tratamientos a los que ha sido sometida (incluso por su propia intérprete) son incontables. Para cuando irrumpió en las listas de éxitos, Gloria Gaynor ya contaba con un notable elepé de debut, *Never Can Say Goodbye* (1975), un *tour de force* sin solución de continuidad (por aquello de que no había silencio entre sus diferentes pistas: era una bacanal rítmica *non stop*) del que trascendieron –y de qué manera– su tema titular (ardiente versión del que popularizaron los Jackson 5 cuatro años antes, que fue trece años después resucitada por los Communards) y su versión del «Reach Out I'll Be There» de los Four Tops. Solo superada por Donna Summer, su perfil sigue siendo el de la figura femenina más célebre del quinquenio de fulgor de la música disco.

Se había formado a principios de los años setenta en los Soul Satisfiers, formación escorada al jazz y al rhythm and blues, y puede que eso explique su tránsito a los ritmos febriles de la música disco como un trayecto asumido con naturalidad y sin sobrecarga de ornamentos que pudieran envejecer prematuramente sus canciones: de hecho, «I Will Survive» no contó con coristas de refuerzo ni con un premeditado acelerón de su *tempo* para orientarla a la pista de baile, y esa ausencia de aditamentos también explica sus más de catorce millones de copias vendidas en todo el mundo. Su condición de icono para la comunidad gay empezó a cobrar fuerza también con la edición de «I Am What I Am», extraído de su álbum *I Am Gloria Gaynor* (1984), el último que la acercó a los lugares nobles de las listas de éxitos antes de un parón de más de tres lustros, resuelto de forma discreta con *I Wish You Love* (2002). Desde entonces, su voz no ha parado de resonar con fuerza en los circuitos escénicos movidos por la nostalgia pura y dura, en conciertos en los que no tiene el menor reparo en declararse rehén de sus tres canciones más célebres. Al fin y al cabo, las que le han hecho ser quien es.

Whitney Houston
Estrella caída
1983 – 2012

Una mentira repetida cien veces no se convierte en una verdad. Por eso, pese a que los informativos de nuestro país abrieran sus sumarios en febrero de 2012 asegurándonos que la entonces recién fallecida Whitney Houston había accedido al estrellato a raíz de su participación en la película *El Guardaespaldas* (Mick Jackson, 1992) y de la interpretación de su almibarado tema central (obra de Dolly Parton), lo cierto es que su carrera había gozado del éxito ya mucho antes. Y no solo eso: también había sido mucho antes cuando expidió sus trabajos más aprovechables, a mediados de los años ochenta. Entronizada como la fémina más popular de la música negra (Tina Turner aparte) durante aquellos años, en medio del gran filón abierto por Michael Jackson, se puede decir que esta gran vocalista de Nueva Jersey lo tenía todo para triunfar: voz portentosa, madrinazgo por parte de Aretha Franklin y el apoyo de su prima Dionne Warwick y de su madre Cissy Houston. Y una prometedora formación góspel, como mandan los cánones.

En una época en la que el r'n'b aún no gozaba de los tintes sofisticados y erotizantes de los noventa (los años de Destiny's Child o En Vogue), Whitney Houston constituía el triunfo de una propuesta *light* y adulta, más cerca del satinado romanticismo de Luther Vandross que del lúbrico magnetismo de Prince, y todo ello se fue acrecentando conforme cundía su propensión a abordar *standards*, como el ya mentado «I Will Always Love You» de Dolly Parton o el «I'm Every Woman» de Chaka Khan. Sin embargo, antes de todo eso y de la espiral de autodestrucción que acabó con su vida, tuvo tiempo –y es lo que aquí más nos interesa– para facturar dos álbumes más que reivindicables, repletos de baladas sofisticadas y, sobre todo, de canciones que apelaban directamente a la pista de baile, aunque los días de vino y rosas de la música disco fueran ya cosa del pasado: hablamos de *Whitney Houston* (1985) y *Whitney* (1987), y cortes como «How Will I Know», «Thinking About You», «I Wanna Dance With Somebody (Who Loves Me)», «Love Will Save The Day» o «So Emotional». Una lista de singles inapelables. Desde entonces, su carrera fraguó un lento declive, apenas disipado por el repunte de *My Love is Your Love* (1998), una espléndida operación de *lifting* sonoro en la que se vio arropada por Missy Elliott, Lauryn Hill o Wyclef Jean. Lástima que luego cayera en lo convencional, emitiendo solo destellos intermitentes que no hacían más que revelar el infierno personal en el que acabó consumida.

Phillis Hyman
Sofisticación e infortunio
1971 – 1995

La malograda actriz y cantante Phillis Hyman, cuya carrera terminó de forma abrupta cuando decidió quitarse la vida a los 46 años, puede inscribirse tanto en el sonido Philadelphia (por sus orígenes: nacida allí y fogueada bajo producciones de Thom Bell; en los noventa acabaría militando en Philadelphia International) como en el de Nueva York, ya que fue en la Gran Manzana donde grabó la mayoría de sus discos y donde desarrolló casi toda su carrera. Pero nos hemos inclinado por la segunda de las ubicaciones precisamente por eso, por haber fraguado también su reputación en clubes de la ciudad de los rascacielos a mediados de los setenta como vocalista de apoyo de Jon Lucien (y tras adquirir notoriedad con una versión del «Betcha By

Golly Wow!» de los Stylistics) y haber dado sus primeros pasos discográficos en el sello neoyorquino Buddah, justo en la época en que la difusión de la música disco tomaba velocidad de crucero. Allí editó el homónimo *Phyllis Hyman* (1976), en el que destacaba su extraordinaria voz, educada en el jazz, el soul y el r'n'b.

Mujer marcada por el infortunio, demostró siempre un potencial que no gozó de estabilidad (continuos cambios de sello, dramas familiares, vaivenes sentimentales como su divorcio de Larry Alexander o su relación fallida con Barry Manilow, coproductor de su tercer álbum), algo que seguramente contribuyó a que su trayecto no gozase de los focos que sí alumbraron a otras compañeras generacionales. Una lástima, porque más allá de su valiosa aportación al exitoso musical *Sophisticated Ladies*, en Broadway desde 1981 a 1983, editó discos como *You Know How To Love Me* (1979), *Can't We Fall In Love Again* (1981) e incluso *Goddess of Love* (1983) o *Prime of my Life* (1991), ambos con producciones muy deudoras de su época, y con canciones muy en la onda de Anita Baker, Dionne Warwick, Patti LaBelle o la primera Whitney Houston, que merecían más eco. Cortes como «You Know How To Love Me» (del primero), «You Sure Look Good To Me» (del segundo), «Ride The Tiger» (del tercero) o «Don't Wanna Change The World» (del cuarto) son estupendos testimonios sonoros de la era disco y post disco. Tras la grabación del tristemente premonitorio *I Refuse To Be Lonely* (1995), el último de los tres consecutivos que le produjeron Gamble y Huff, se quitó la vida con un chute de barbitúricos.

Grace Jones
La Nefertiti de ébano
1973

Su espigada y andrógina figura de ébano, prácticamente cincelada a imagen y semejanza de una deidad –e inhumanamente conservada como si durmiera

en formol, a sus setenta años, no hay más que verla en directo– es una de las imágenes más emblemáticas de la era disco neoyorquina. Aunque naci-da en Jamaica, Grace Jones se mudó bien joven a la Gran Manzana y co-menzó a ser uno de los rostros más cotizados de entre los que frecuen-taban la mítica Studio 54 a finales de los setenta, gracias a una carrera como modelo, actriz y luego cantan-te, que daría sus mejores frutos en la primera mitad de los ochenta. Mujer de personalidad desbordante e ins-tinto feraz, esta pantera incombus-tible tramó una discografía que se

vio marcada por sus dos primeras trilogías: la primera, más bien discreta; la segunda, directamente gloriosa. A partir de finales de los ochenta dosificó al máximo sus entregas discográficas, pero eso no le hizo perder ni un ápice de magnetismo cada vez que decidía subirse a un escenario. Cualquiera de sus visitas a nuestro país se cuentan por inapelables demostraciones de carisma, al servicio de un repertorio que tiene suficientes muescas como para cuajar con todo el peso de la historia que se escribe en mayúsculas.

Sus tres primeros discos, los que integran esa involuntaria tríada a la que aludíamos, los produjo el diestro Tom Moulton con los músicos que habi-tualmente trabajaban con Gamble y Huff en los estudios Sigma de Phila-delphia. Y aunque son fieles testimonios sonoros de su tiempo, no dejan de ser más aplicados trabajos de ingeniería que muestras de genio real, álbumes más de productor taimado que de estrella que se rige por sus propias reglas. Tanto *Portfolio* (1977), del que sobresale su versión del clásico «La Vie En

Rose», como *Fame* (1979), dedicado a Jean Paul Goude (responsable de los impactantes estilismos que la dieron a conocer), al igual que *Muse* (1979), que pasó muy desapercibido y coincidió de pleno con la fiebre antidisco, no dejan de ser trabajos muy coyunturales. Tuvo que ser descubierta por Chris Blackwell, quien la fichó para Island Records, para que su carrera diera el giro maestro que la convertiría en una estrella: con él se marcha a grabar a los Compass Point Studios de las Bahamas, bajo las directrices de Sly Dunbar y Robbie Shakespeare; o sea, Sly & Robbie. Y con ellos, su voz recaba una enorme versatilidad, sus recursos expresivos se benefician del reggae y de un r'n'b sofisticado que se anticipa a los sonidos *urban* de los noventa y su arrolladora personalidad se impone por fin como intérprete todoterreno, rebosante de magnetismo. El saldo son tres álbumes absolutamente sensacionales, especialmente los dos primeros: Un *Warm Leatherette* (1980) del que sobresalen una versión del «Private Life» (The Pretenders) con reforzada cadencia jamaicana y una espléndida relectura del «Love Is The Drug» de Roxy Music; y un *Nightclubbing* (1981) que repite la jugada y descontextualiza de forma brillante –y no simplemente evoca– a The Police («Demolition Man»), Astor Piazzolla («I've Seen That Face Before (Libertango)»), Iggy Pop («Nightclubbing»), Flash & The Pan («Walking In The Rain») o Bill Withers («Use Me»), al margen de expedir una de las canciones más monumentales de la resaca disco, la enorme «Pull Up To The Bumper». El círculo se cierra con *Living My Life* (1982), algo menor en comparación, antes de centrarse durante unos años en su vis actoral, con papeles como los que desempeñó en los films *Conan el Destructor* (Richard Fleischer, 1984) o *Panorama para matar* (John Glenn, 1985).

La segunda mitad de los años ochenta podría encajarse como una suerte de tercera trilogía, por cuanto se puso en manos de productores de campanillas que trataron de amoldar su discurso a los sonidos imperantes, con diversa fortuna. El solvente y exitoso *Slave To The Rhythm* (1985), anticipado por su elegantísimo tema titular, delegó en Trevor Horn. El desigual *Inside Story* (1986) lo hizo en Nile Rodgers (Chic) y no cuajó igual de bien, pese a un single tan infalible como «I'm Not Perfect (But I'm Perfect For You)». Y *Bulletproof Heart* (1989), supervisado por su primer marido, Chris Stanley (con la ayuda puntual de Robert Clivillés y David Cole, los C+C Music Factory) se resintió de su falta de foco. No volvería a editar nada desde entonces hasta casi veinte años después, y lo haría por la puerta grande, con un extraordinario *Hurricane* (2008) en el que, de la mano de Brian Eno, Tricky, Tony Allen o Sly & Robbie recuperaba su mejor registro, arrimándose al reggae, al dub humeante y a la electrónica serpenteante.

Kelis

Estrella intermitente
1998

De entre todas las vocalistas
surgidas en la segunda mitad de
los noventa y los primeros dos
mil al socaire del moderno r'n'b
y del neosoul (Erykah Bady,
Macy Gray, Alicia Keys, Aaliyah, Kelly Rowland o Amerie),
seguramente la que más víncu-
los ha mostrado –con permiso
de Beyoncé, claro– con la cultura disco precedente ha sido la
neoyorquina Kelis Rogers. La
sombra de las Pointer Sisters,
Minnie Riperton o Chaka Khan
(alternativamente) constituye
un linaje del que puede sentirse
orgullosa, más allá de las lógicas
diferencias en cuanto a la pro-

ducción de sus discos, marcados por sus respectivas épocas.

Cuenta en su haber con un debut totalmente espectacular, *Kaleidoscope*
(1999), producido por The Neptunes, otros tres notables, como *Wander-
land* (2001), *Tasty* (2003) y *Food* (2014), y otros dos de aprobado discreto,
Kelis Was Here (2006) y *Flesh Tone* (2010). Pese a lo bacheado del camino, si
nos ponemos a buscar en su repertorio canciones que enlazan con lo mejor
de aquella secuencia soul-funk-disco que iluminó los setenta, el saldo no
es precisamente magro: «The Roller Rink», «No Turning Back», «Good
Stuff», «Caught Out There», «Flashback», «Digital World», «Milkshake»,
«Flashback», «Bossy» o «Cobbler», con su descarada sensualidad, podrían
adscribirse al canon desde una perspectiva actualizada.

Chaka Khan
Todas las mujeres en una
1970

Yvette Marie Stevens nació en Chicago en 1953, pero grabó sus mejores álbumes en los estudios Atlantic de Nueva York bajo la supervisión de Arif Mardin, entre finales de los setenta y principios de los ochenta, y con ellos

pasó a convertirse en una de las grandes divas de la música disco con epicentro en la ciudad de los rascacielos. Su imponente voz comenzó a despuntar en Rufus, formación de Chicago con la que editó singles de relieve como «Tell Me Something Good», «You Got The Love» o «Once You Get Started», extraídos de una secuencia de seis álbumes en los mismos años, entre los que destacan *Rufusized* (1974), *Ask Rufus* (1977) o *Masterjam* (1979). Pero su gran tarjeta de presentación como solista llegaría con su estupendo álbum homónimo, *Chaka* (1978), y la

fantástica «I'm Every Woman», una de las grandes gemas de la música disco de todos los tiempos, compuesta por la pareja Ashford & Simpson. Amalgama de funk musculado, r'n'b satinado y apelaciones directas a la pista baile («Life is a Dance»), con la producción del experimentado Arif Mardin, el álbum ayudó a que su nombre prosperase como una de las figuras punteras del género incluso en los tiempos en los que la música disco empezaba ya a ser vista como cosa del pasado: *Naughty* (1980), *What Cha' Gonna Do For Me* (1981) y *Chaka Khan* (1982) siguieron extrayendo jugo a esa alianza, con diversos autores surtiendo de buen material a su leonina garganta.

Para no pillar los nuevos tiempos con el pie cambiado, sus producciones se modernizan a partir del muy comercial *I Feel For You* (1984), que expide un exitoso tema titular –versión de Prince– con rapeado incluido de Grandmaster Melle Mell. Un álbum armado sobre sintetizadores, considerado con el paso del tiempo como uno de los pináculos del lustro post disco, no muy lejos de lo que ya entonces proponían Madonna o Lionel Richie. Green Gartside (Scritti Politti) o Phil Collins son algunos de los colaboradores en *Destiny* (1986), así como Prince, Bobby McFerrin o Womack & Womack dejaron su huella en *ck* (1988), sendos trabajos regidos por los mismos derroteros. A partir de la década de los noventa, su producción decae y apenas despacha algunos álbumes alimenticios, con nuevas incursiones en el jazz (*ClassiKhan*, 2004) o en el funk (*Funk This*, 2007). Su último trabajo hasta la fecha, no obstante, depara su primera remesa de originales en más de veinte años: *Hello Happiness* (2019) se beneficia de la supervisión de David Switch Taylor (productor de M.I.A. y miembro de Major Lazer) en un digno equilibrio entre contemporaneidad y legado disco neoyorquino.

Kool & the Gang
La fundación del ritmo
1964

Los hermanos Robert «Kool» Bell y Ronald Bell, junto a Denis Thomas, Robert Mickens, Charles Smith, George Brown y Ricky West, dieron pie a la primera formación de Kool & The Gang. Fue en Nueva Jersey, en 1964. Pero han sido tantos los cambios de personal y tan variado el rango expresivo del proyecto a lo largo de más de cincuenta años de actividad que detallar los baches con los que la marca se fue encontrando en el camino sería una tarea titánica. Digamos que el funk (en su caso, con especias de jazz) que fue germinando a partir de las enseñanzas de James Brown en la segunda mitad de los sesenta fue su escuela, y que a partir de ahí su carrera fue decantándose –con mayor o menor énfasis, según las épocas– por el soul, el pop, el rock o la música disco, generando una retahíla de exitazos torrenciales que hallaron en la pista de baile su mejor receptáculo: nadie puede ser inmune a los encantos de «Get Down On It», «Celebration», «Jungle Boogie», «Fresh», «Joanna» o «Ladies' Night», lugares más que comunes en cualquier ceremonia del ritmo que oriente su radar a la era de las bolas de espejos, los pantalones acampanados y la diversidad racial y sexual de los primeros grandes clubes nocturnos.

Su época más exitosa es la que va de 1979 a 1986, con el esencial concurso del vocalista James «JT» Taylor y la producción del mago brasileño Eumir Deodato. Fue el tramo de su carrera en el que edulcoraron su fórmula y la hicieron también más directa y abiertamente comercial, alejándose del ejemplar clasicismo que irradiaban discos (por otra parte irreprochables) como *Wild and Peaceful* (1973) o *Spirit of the Boogie* (1975). Álbumes como *Ladies' Night* (1979), *Celebrate* (1980), *Something Special* (1981) o *Emergency* (1984) no son tan consistentes como aquellos, revisados en conjunto, pero se beneficiaron de la imbatible ristra de singles infalibles que lograron expedir, encadenando una secuencia formidable: temas como «Ladies' Night», «Celebration», «Get Down On It» o «Fresh» prácticamente justifican por sí solos los álbumes en los que se inscriben, más aún si tenemos en cuenta que hablamos de un género en el que la eficacia de los sencillos se antojaba casi más importante que la solidez de cualquier colección de canciones. Desde aquella época dorada para ellos, Kool & The Gang han seguido editando discos con encomiable puntualidad, cada dos o tres años (al menos hasta 2013), sin resultados dignos de mención aunque sobreviviendo en los escenarios de medio mundo como la solvente hermandad del ritmo que son, una apisonadora de funk y disco engrasada a lo largo de décadas de actividad.

Madonna
De Danceteria al cielo post disco
1977

Madonna encarna la estampa de figura canónica en la consolidación de un molde de estrella femenina de impacto universal. Su discografía no requiere prolongación alguna (lleva más de una década sin entregar un álbum relevante, y poco importa) para poder decir, sin ninguna duda, que sin ella no habrían existido ni Lady Gaga, ni Gwen Stefani, ni Britney Spears, ni Kesha, ni Robyn, ni Christina Aguilera, ni Katy Perry, ni Rihanna ni Miley Cyrus. Madonna Louise Veronica Ciccone (Bay City, Michigan, 1958), siempre fue –y es– una mujer hecha a sí misma, presa de una ambición desbordante que supo dosificar tras años de medrar sin éxito en los mentideros del *underground*

neoyorquino. Representa el arquetipo de artista total que luego tantas han tratado de emular: vocalista, bailarina, coreógrafa, empresaria y hasta actriz. Los albores de su carrera van ligados a esa Nueva York a la que se había mudado (desde Michigan) a finales de 1977, y a ese fermento de música disco que aún bullía en discotecas de la Gran Manzana como Danceteria, a la que era asidua desde que esta abriera sus puertas en 1979. El mismo club en el que Sade o Keith Haring podían servirte una copa, o en cuyo ascensor podía escoltarte LL Cool J. El garito de moda entre una juventud interclasista e interdisciplinar que no podía permitirse los rigores *jet set* de quienes frecuentaban el afamado Studio 54. Hasta entonces, Madonna había probado suerte en un par de formaciones de pop convencional (Breakfast Club y Emmy, junto a Dan Gilroy y Stephen Bray) y había formado parte, como bailarina, del equipo de la gira mundial de Patrick Hernández (estrella del eurodisco, creador del célebre «Born To Be Alive»), que también pasó por Europa. Pero todo cambió para ella entre las cuatro paredes de Danceteria, donde ofreció el primer concierto de su vida, en diciembre de 1982. Aquella breve actuación surgió a propuesta de Mark Kammins, uno de los DJs residentes. Él mismo se encargó de producirle su primer *single*, el contagioso «Everybody», de aquel mismo año, y de ponerla en contacto con Seymour Stein, el jefe de Sire Records, sello subsidiario de la multinacional Warner.

John «Jellybean» Benítez lo terminó de mezclar y le produjo «Holiday», el primero de sus sencillos en lograr cierto eco internacional. Antes habían llegado «Everybody» y «Burning Up». Su primer álbum, *Madonna* (1983), figura entre lo más granado del pop de consumo de aquella década. Pero su gran eclosión comercial y creativa llegó con el fantástico *Like a Virgin* (1984), que configuró el crisol en el que años más tarde fraguarían sus discursos músicos tan populares como Janet Jackson, Paula Abdul, Bobby Brown o New Kids On The Block. Un álbum prodigioso, producido por Nile Rodgers (Chic), elegido tras el brillante trabajo que había llevado a cabo un año antes en el *Let's Dance* (1983) de David Bowie, y en el que también participaron sus dos compañeros en Chic, Bernard Edwards al bajo y Tony Thompson a la batería. Desde entonces, volvería a mostrar su capacidad para valerse de corrientes *underground* a las que vampirizaba y luego popularizaba, como la cultura del *vogueing* en el single «Vogue» (1990), y resucitaría las enseñas tradicionales de la música disco en sencillos como «Deeper and Deeper» (del álbum *Erotica*, de 1992) y en álbumes postreros como el sensacional *Confessions on a Dance Floor* (2005), producido por Stuart Price y Mirwais: su última incursión a tumba abierta en las pistas de baile. Siempre haciéndose acompañar de algunos de los ingenieros de sonido más inquietos en la escena de la música dance internacional (William Orbit, Guy Sigsworth, Timbaland, Pharell Williams, Diplo, Avicii), su carrera ha ido atravesando baches durante lo que llevamos de siglo, pero la huella de sus trabajos de los años ochenta es prueba concluyente de que reinó por derecho propio en la era post disco que sucedió al declive de las discotecas neoyorquinas que ella misma frecuentó cuando era muy joven y apenas podía aventurar su posterior popularidad.

Van McCoy
Bullicio fugaz
1952 – 1979

Aunque solo fuera por «The Hustle» (1975), uno de los himnos definitivos de la fiebre disco, Van
Allen Clinton McCoy ya merecería
entrar por derecho propio en cualquier guía o volumen enciclopédico
del género. Ocurre que además este
vocalista, instrumentista y productor nacido en Washington atesoró
una valiosa trayectoria cimentada
en varios álbumes de voluptuosa
música disco (de fuerte impronta
instrumental, con profusos arreglos
orquestales) cuya calidad ha pasado

desapercibida durante años al gran público, pese a su singularidad. Y que
además en aquella época ya gozaba de un espectacular bagaje como ingeniero de sonido al servicio de la *créme de la créme* de la música negra de los
sesenta: The Shirelles, Gladys Knight & The Pips, Roberta Flack, Aretha
Franklin o Vikki Carr.

Su carrera comienza en 1959, cuando desecha los estudios universitarios
para fundar su propia compañía, Rockin' Records, en Philadelphia junto a su
tío. Pero pronto se marcha a Nueva York, donde destacaría como productor,
compositor y director de toda una orquesta, que sería la que le daría a la
postre su sonido distintivo, la Soul City Symphony. Sus quince minutos de
fama (bueno, algo más, quizá el recurso warholiano se quede corto) llegarían
en 1975 con el éxito de «Disco Baby» y, sobre todo, «The Hustle», gozosos
lugares comunes de la fiebre disco que recién comenzaba a propagarse por
medio mundo, ambos temas extraídos del álbum *Disco Baby* (1975). Trabajos
posteriores como los notables *The Real McCoy* (1976), *Sweet Rhythm* (1978)
o *Lonely Dancer* (1979) pasaron inadvertidos por las listas de éxito y por el
público. En 1979 falleció –prematuramente– a consecuencia de un infarto,
cuando solo contaba 39 años.

Donna Summer

Reina de la noche

1968 – 2012

Busquen la adscripción de Donna Summer al capítulo de la escena disco de la costa este norteamericana por haber nacido en Boston (Massachusetts) en 1948, y por el papel primordial que sus grandes *hits* de finales de los setenta y primeros ochenta jugaron en todo el mundo. Aunque lo cierto es que su época de esplendor no se orquestó precisamente allí, sino en los estudios Musicland de Múnich, trabajando en estrecha alianza con Giorgio Moroder y Pete Bellotte. Es verdad que LaDonna Adrian Gaines (que ese era su nombre real) marchó a Nueva York a probar fortuna en el musical *Hair*, en 1968, pero se vio elegida para el mismo papel en su versión germana, y eso la alentó a mudarse allí durante la década de los setenta. En Múnich se casó con un actor austriaco (Helmut Sommer, responsable de su apellido artístico, luego customizado a Summer) y, sobre todo, entabló contacto con el tándem productor que sería esencial en el primer tramo de su carrera, el que la convirtió en una estrella. Con ellos se erigió en la gran diva de la música disco, junto a Gloria Gaynor y Grace Jones (al menos la más popular), y tramó hasta ocho álbumes consecutivos, en trayectoria con ciertos altibajos pero trufada en todo momento de singles memorables: son *Lady of the Night* (1974), *Love To Love You Baby* (1975), *A Love Trilogy* (1976), *Four Seasons of*

Love (1976), *I Remember Yesterday* (1977), *Once Upon a Time* (1977), *Bad Girls* (1978) y *The Wanderer* (1980). El segundo de ellos sería clave, sobre todo por su excelso tema titular: casi 17 minutos inspirados en el «Je T'aime... Moi Non Plus» de Serge Gainsbourg y Jane Birkin, pensados como una larga y lúbrica invitación a la pista de baile y al goce sensorial, con su cadencia deleitosa y esos gemidos de placer sexual indisimulado, al borde del orgasmo, canción referente hasta para Kraftwerk. El segundo hito se produce un par de años más tarde con *Remember Yesterday* y su monumental «I Feel Love» (una de las mejores canciones de la década, y sin duda la más aventurada hasta entonces dentro de los lindes del género, con su ritmo robótico, su trip de sintetizador y su derroche de sensualidad vocal) poniendo la guinda a un álbum exquisito en el que los sintes van ganando peso a los arreglos de cuerda. Y el tercero llega con *Bad Girls*, el disco doble que la entroniza definitivamente como la figura femenina por antonomasia de la música disco, con clasicazos instantáneos como «Hot Stuff» –que gozó de una segunda vida casi 20 años después, tras aparecer en la banda sonora de *Full Monty*, de 1997– y la propia «Bad Girls», digna de los mejores momentos de Chic.

Al llegar la década de los ochenta termina su etapa con Giorgio Moroder y Casablanca Records, el sello que había editado casi todos sus discos, y se enrola en Geffen para abrazar sin ambages la comercialidad del *mainstream* de la época, entre los arrebatos de rock sintetizado, las baladas góspel rebosantes de sacarina y los devaneos funk, primero con Quincy Jones (*Donna Summer*, 1982), luego con Michael Omartian (*She Works Hard For The Money*, 1983 y *Cats Without Claws*, 1984), más tarde con Harold Faltermeyer (*All Systems Go*, 1987) y finalmente con el trío británico de productores de éxitos en serie Stock, Aitken & Waterman (*Another Place and Time*, 1989). Ninguno de esos discos detenta el ángel que sí tenían sus trabajos de los setenta, pese a su taimada ingeniería y a que alguno de ellos reverdeciera comercialmente algunos laureles. A partir de entonces comenzó a renegar de sus lascivas incitaciones al baile, prolongando una retahíla de desvaríos reaccionarios que ya habían comenzado unos años antes cuando se las tuvo tiesas con la comunidad gay por insinuar que la pandemia del SIDA era consecuencia de su supuesta relajación moral. Y su carrera se fue diluyendo entre discos de canciones navideñas y el habitual cúmulo de recopilaciones alimenticias que reciclan material ya entradísimo en años. Murió en 2012 de un cáncer de pulmón, justo cuando se especulaba con la grabación de un nuevo álbum, dejando las pistas de baile de medio mundo un poco más huérfanas.

Tavares
La hermandad del groove
1959

Pese al éxito planetario de algunas de sus canciones, especialmente aquellas que se beneficiaron de su inclusión en la banda sonora de alguna de las películas totémicas de la era disco, algunas de las grandes enseñas grupales del género tuvieron que picar en la mina durante años, armados de pico y pala, mucho antes de gozar del reconocimiento popular. Ese fue el caso también de Tavares, el quinteto de hermanos de origen caboverdiano pero afincados luego en Rhode Island y en Massachusetts, cuyo nombre solo resonó con algo de fuerza gracias a la versión que facturaron de «More Than a Woman», el tema compuesto por los Bee Gees incluido en la película *Fiebre del Sábado Noche* (John Badham, 1977), junto a la propia toma original de los hermanos Gibb.

Los hermanos Ralph, Pooch, Chubby, Butch y Tiny Tavares, apenas separados por un lapso de ocho años entre el menor y el mayor de ellos, comenzaron en el mundo de la música como Chubby and the Turnpikes a principios de los sesenta, siendo apenas unos adolescentes, y esa década larga transcurrida hasta su extraordinario debut largo como Tavares (*Check It Out*, 1973) ayuda a entender por qué este ya fue un disco plenamente maduro,

impropio de unos principiantes, rebosante de soul fastuoso con buen adere-
zo de cuerdas y vientos, y tempranas incitaciones al r'n'b orientado a la pista
de baile como la estupenda «If That's The Way You Want It». La discográfica Capitol les asignó a Johnny Bristol, veterano compositor de la Motown,
que fue quien les abasteció de la mayor parte del material para aquellas canciones y las produjo. Temprana bendición para una carrera irreprochable.

En *Hardcore Poetry* (1974) e *In The City* (1975) permutan su supervisión
por la del tándem formado por Dennis Lambert y Brian Potter, pero el resultado es igual de imponente, sumando excelentes argumentos a una secuencia que toca su techo con *Sky-High!* (1976), con Freddie Perren ya re-
cubriendo de un cegador brillo disco un puñado de ocho canciones entre las
que sobresalen «Heaven Must Be Missing an Angel», «The Mighty Power
of Love», «Bein' With You» y otras enardecidas proclamas ideadas para
ser disfrutadas en el fragor de cualquier discoteca, junto a alguna sedosa
balada. Tavares siguieron luego dando muestras de ser mucho más que una
banda limitada a la música disco con elepés tan proteicos aún como *Madam
Butterfly* (1979) y *Supercharged* (1980), en los que trasteaban con los ecos del
northern soul y del sonido Philadelphia con una elegancia suprema. A principios de los ochenta, ya superada la efervescencia de la era disco, su carrera
fue diluyéndose conforme sus miembros emprendían carreras por separado,
siempre lejos de los envarados *liftings* sonoros a los que otros correligionarios recurrieron para no pillar aquellos tiempos tan sintetizados con el pie
cambiado, y su obra empezó a verse sometida al inclemente reciclaje de los
discos recopilatorios.

Tom Moulton
El padrino del remix disco
1960

La historia de la música disco no sería la misma sin la aportación de figuras
no tan populares como sus rostros más conocidos, aquellos ingenieros de
sonido, mezcladores y empresarios que ayudaron a perfilar los contornos de
un estilo que se fraguaba cuando aún la tecnología estaba muy lejos de decir
su última palabra. Ese es el caso de Thomas Jerome Moulton, considerado
el inventor del remix y del maxisingle, aquellos largos desarrollos de temas
ya publicados que extendían su duración hasta cerca de los diez minutos, a

veces incluso más, con el fin de generar un efecto de éxtasis prolongado en cualquier pista de baile.

Nacido en Nueva York en 1940, Moulton trabajó de joven como modelo en un par de agencias locales, hasta que empezó a desempeñar su trabajo en los departamentos de promoción de King Records, RCA y United Artists en la primera mitad de los sesenta. Aunque realmente se dio a conocer en la industria cuando convirtió la primera cara del álbum *Never Can Say Goodbye* (1975) de Gloria Gaynor en una bacanal rítmica de más de 18 minutos sin un solo segundo de interrupción: era la primera vez que un álbum pop se enfocaba así, directamente ideado para ser degustado de un tirón, con su consumo en discotecas entre ceja y ceja. Tal innovación le valió el calificativo de «padre de la remezcla disco», en un registro que se prolongaría con sus *mixes* del «Disco Inferno» de The Trampps, el «Dirty Ol' Man» de The Three Degrees, el «Doctor Love» de First Choice o su extraordinaria visión expandida del «Let's Stay Together» de Al Green.

Produjo los tres primeros álbumes de Grace Jones, trabajos solventes y muy aferrados al sonido disco imperante, aunque aún alejados de las radiaciones de genio y la pizca de singularidad de la pantera jamaicana en sus mejores momentos: fueron *Portfolio* (1977), del que sobresale su versión del clásico «La Vie En Rose», *Fame* (1979) y *Muse* (1979). Su intuición para dar con hallazgos técnicos y prolongar con sus mezclas y producciones las cualidades subyugantes de la mejor música de baile le procuró su ingreso al Dance Music Hall of Fame en su Nueva York natal, en 2004. En realidad, su labor de remezclador, productor e ingeniero de sonido nunca ha cesado. Y el sello londinense Soul Jazz, experto en rescatar la labor de pioneros de cualquier género de la música de baile, dedicó en 2006 un extraordinario recopilatorio en honor a su obra, *A Tom Moulton Mix*, en que se rescatan algunas de sus remezclas de temas de Eddie Kendricks, B.T. Express, Isaac Hayes o el mítico «La Vie en Rose» de Grace Jones: un espléndido resumen de su trabajo, recomendable puerta de entrada además para el neófito.

Village People
La vida es un carnaval
1977 – 1985, 1987

Los productores franceses –aunque nacidos en Marruecos– Jacques Morali
y Henri Belolo fueron los cerebros en la sombra de este peculiar sexteto
afincado en la Nueva York de finales de los setenta, que supo explotar a las
mil maravillas los estereotipos de la homosexualidad más viril, llevándolos al
extremo con sus indumentarias y fomentando una guasa que pudo ensom-
brecer la valía de su propuesta, lúdica pero no por ello tan exenta de cuajo
como pudiera parecer. Ataviados con disfraces que se correspondían con las
supuestas fantasías eróticas de parte de la comunidad gay (el policía, el mo-
torista, el obrero, el cowboy...) y bautizados en honor al Greenwich Village
neoyorquino, barrio que en un tiempo fue bastión de gran parte de la población homosexual de la gran urbe, Village People reventaron las listas de
éxitos en pleno apogeo de la música disco. Fueron el horror de los puristas
por su absoluta carencia de sutileza y por el trazo grueso de su imagen y sus
propios éxitos, pero cuatro décadas parece un lapso suficientemente amplio

para considerar que, dada la efervescencia y el espíritu de liberación de aquel momento, lo suyo tampoco estaba tan mal. Es su propia ausencia de pretensiones la que explica que no necesiten penitencia alguna.

Morali y Belolo ya contaban con un buen rodaje como creadores de éxitos en Francia cuando aterrizaron en Nueva York en 1977. Allí pronto entablan contacto con el cantante y actor Victor Willis, a quien ven claramente como el líder de un proyecto que ya tienen en mente, y que cobra forma definitivamente con la adición de los letristas Phil Hurt y Peter Whitehead y el posterior fichaje de los bailarines Alex Briley, Mark Mussler, Felipe Rose, Dave Forrest y Lee Mouton. El primer trabajo de Village People, de título homónimo (*Village People*, 1977) y compuesto solo por cuatro canciones, pone a todo el mundo sobre su pista. Y cuando llegan sus secuelas, *Macho Man* (1978) y *Cruisin'* (1978), aquello ya no deja el menor resquicio al equívoco, con su estética *camp* y títulos como «Sodomah and Gomorrah», «I Am What I Am», «Fire Island», «San Francisco (You've Got Me)», «Hot Cop», «My Roommate» o «YMCA». Títulos relativamente provocadores que, desde luego, no engañan acerca de sus intenciones. Su cúspide llegó con *Go West* (1979), con su imbatible tema titular –releído por los Pet Shop Boys en 1993 y explotado en cada uno de sus conciertos *ad aeternum*, un molde al que recurrirían de nuevo en «New York City Boy», *single* de 1999– e «In The Navy». Y a partir de ahí llegó la inevitable cuesta abajo, con el fiasco de la película *Can't Stop The Music* (1980), a cuya banda sonora contribuyeron y que fue tildada como el mayor bodrio cinematográfico del año, y con álbumes tan desangelados, anacrónicos e (¿involuntariamente?) autoparódicos como *Renaissance* (1981) o *Sex on the Phone* (1985). Obviamente, su momento ya había pasado. Aunque eso no ha sido obstáculo para que desde 1987 retomasen la actividad y hayan seguido actuando en directo en toda clase de saraos en los que se ha requerido su colorista y emplumada presencia.

Detroit, Minneapolis y Chicago
De la ciudad del motor a los albores del house

«Me sentí extraña en la disco. Fui a una docena de sitios oscuros con suficientes luces estroboscópicas como para volver loco a cualquiera. Me sentí perdida, al borde de un ataque de pánico. Es una música para volverse locos, sin conciencia ni preocupación por el mañana.»

Martha Reeves

Como si fuera un gran triángulo de las Bermudas en torno a la parte sur de los Grandes Lagos, estas tres ciudades también pusieron su granito de arena, cada una con sus peculiaridades, para que la música disco cobrase la forma que tuvo a finales de los años setenta e incluso para que algunas de sus réplicas en los ochenta fueran tan populares e influyentes.

Si algo caracterizó siempre a la Motown, la histórica discográfica de soul comercial que Berry Gordy había creado en Detroit a finales de los cincuenta, fue la transversalidad de su mensaje (música negra dirigida a un público multirracial) y su acerado sentido del ritmo, y todo eso tenía –por fuerza– que traducirse en la forma en la que algunos de sus músicos más emblemáticos confluyeron años más tarde con el estallido disco: Marvin Gaye, Diana Ross, The Jacksons y (por supuesto) Michael y Janet Jackson eran hijos de aquella escuela, que les permitió encarar la recta final de los setenta en condiciones de preservar (y a veces aumentar) su estatus de grandes estrellas. La música disco no tuvo secretos para ellos. De hecho, se convirtieron en excepcionales embajadores de su sonido sin por ello desvirtuar ni un ápice de su personalidad. Aún hoy en día la Motown es sinónimo de calidad, con algunas de sus viejas glorias embarcadas en interminables giras por todo el mundo. Y lo cierto es que hicieron historia desde la misma ciudad que a mediados de los ochenta alumbraría, gracias al trabajo de Juan Atkins, Kevin Saunderson y Derrick May, lo que hoy conocemos como música techno.

Minneapolis, por su parte, siempre fue terreno abonado para los genios singulares. De allí surgió Prince, cuyos fantásticos primeros discos no se entenderían sin el influjo de la música disco. Tanto él como el puñado de músicos que revolotearon a su alrededor (The Revolution, Wendy & Lisa, The New Power Generation) como los productores Jimmy Jam y Terry Lewis (quienes revitalizaron la carrera de Janet Jackson y de paso sentaron las bases para el sonido new jack swing que primaría en el pop negro hasta principios de los noventa) cambiaron la faz del pop de consumo durante la década de los ochenta, evidenciando que la música disco no había sido más que otro eslabón necesario en el relato de la mejor música negra.

Un poco antes que ellos, bandas como los Chi-Lites, solitas como Curtis Mayfield, disc jockeys como Frankie Knuckles y discotecas como The Warehouse o The Music Box, desde Chicago, difundían también a su manera la buena nueva de esa música disco que se resistía a decir su última palabra, y que precisamente allí se transformaría (gracias a la irrupción del sintetizador TB-303) en música house a mitad de los ochenta, preconizando el mismo ideal de hermandad y de supresión de prejuicios raciales y sexuales que había alentado el esplendor de las discotecas una década antes.

The Chi-Lites
Agitación soul
1964

La forma en la que Beyoncé y Jay-Z vampirizaron –certera e inteligentemente– el «Are You My Woman? (Tell Me So)» (1970) de los Chi-Lites para
un tema propio («Crazy In Love») en 2003, o la mimética versión de su
«Have You Seen Her?» (1971) con la que MC Hammer copó las listas en
1990, pueden ser dos de los mejores indicadores del ascendiente que esta
fantástica banda de soul (y algo de funk) de Chicago tuvo sobre toda la música negra hecha con posterioridad. Incluida la música disco, cuyo advenimiento anunciaron con años de antelación con una espléndida secuencia de
álbumes y canciones. Pese a ser de Chicago, los Chi-Lites tenían más cosas
en común con el soul sereno, elegante y satinado de Philadelphia que con las
formaciones de su zona.

Liderados por Eugene Re-
cord desde mediados de los
sesenta, gozaron de su época de esplendor entre 1969 y
1977, justo en los albores de
la eclosión disco. De hecho,
su álbum *The Fantastic Chi-
Lites* (1977) aligeraba considerablemente –ya en pleno
cénit de las discotecas– el
ritmo de sus canciones sin
por ello encarnar vanguardia
alguna ni traicionar la esencia
de su música, la que habían
destilado en notables elepés
como *Give It Away* (1969), *I
Like Your Lovin' (Do You Like
Mine?)* (1970), *A Lonely Man*
(1972), *The Chi-Lites* (1973) o *Half a Love* (1974), todos facturados en la
histórica Brunswick Records de Chicago.

Commodores
Ametralladora de ritmos
1968

Coincidiendo con el principio del declive de la Motown, que siempre lamentaría su marcha de Detroit a Los Angeles a principios de los setenta, surgieron una serie de bandas que hicieron de banderín de enganche entre su ejemplar legado y lo que luego sería la eclosión de la música disco en su pleno apogeo. Muchas de ellas lo hicieron con un considerable éxito de ventas, ayudando así a la pervivencia de una segunda etapa en la que a la cadena de montaje de éxitos en serie de Berry Gordy empezaba a faltarle grasa en sus engranajes. Una de las más notorias fueron The Commodores, la formación de la que luego saldría una de las grandes estrellas del pop negro de los ochenta: Lionel Richie. Firmaron por el histórico sello en 1972, aunque no eran precisamente de Michigan ni de California, sino de Alabama. Habían empezado a llamar la atención de la discográfica precisamente como teloneros de The Jackson 5. Sus miembros se habían conocido en el instituto de su ciudad, Tuskegee. Lionel Richie, Milan Williams, Walter Orange, Ronald LaPread, Thomas McClary y William King integraban el sexteto original, el que figura en la portada y en los créditos de *Machine Gun* (1972), su fantástico debut, que se abre con un extraordinario instrumental –el que da título al álbum– que fue *sampleado* por los Beastie Boys en «Hey Ladies» (1989).

Fue el primero de una impresionante saga de discos facturados en los años setenta, en los que se movieron con suma maestría entre el soul satinado y la síncopa funk, siempre apoyados en una sección de vientos de aúpa: *Caught In The Act* (1975), *Movin' On* (1975) y *Hot On The Tracks* (1976) son álbumes deliciosos de esta primera fase.

El éxito definitivo les llega con el homónimo *Commodores* (1977) y los sencillos «Easy» y «Brick House»: el primero de ellos, una enorme balada que anticipaba la buena estrella comercial que se ceriría sobre la carrera de Lionel Richie años más tarde. Fue versionada con éxito por los rap-metaleros Faith No More, en 1992. El disco orientaba su radar a un público más transversal que cualquiera de los anteriores, ya situándose en esa encrucijada en la que el pop, el funk, el soul y la música disco podían darse cita en nombre del *crossover*. La pericia de Richie como baladista se prolonga con «Three Times a Lady», punta de lanza del también notable *Natural High* (1978). Y aunque sus álbumes fueran perdiendo consistencia conforme su trayecto se acercaba (y se adentraba) en la década de los ochenta –no digamos ya cuando Lionel Richie deja la formación en 1982– los Commodores de sonido recauchutado a la moda de los ochenta aún se las apañaron para que dos de sus singles ascendieran a lo más alto de las listas de éxitos: fueron «Nightshift» (del álbum del mismo título, de 1985), elegante y sentido tributo a Marvin Gaye y Jackie Wilson; y «Goin' To The Bank», extraído de *United* (1986). Fueron, en cualquier caso, dos destellos en medio de una segunda etapa de la banda digna pero muy alejada de los estándares de magnificencia que presidieron sus asombrosos años setenta. Lionel Richie obtendría gran éxito durante aquella época con desacomplejadas incursiones en el *mainstream* como *Can't Slow Down* (1983) o *Dancing on the Ceiling* (1986), resueltas con un superávit de sacarina no apto para diabéticos.

Parliament / Funkadelic / George Clinton
Patente del P-funk
1955

La prácticamente inabordable saga de discos emprendida por George Clinton al frente de Parliament y Funkadelic, sus dos proyectos paralelos en el tiempo, ejerció cierta influencia sobre la música disco que florecería unos años más tarde, si bien la sombra de su caleidoscópico universo es tan vasta

que se extiende hasta el apogeo del hip hop, del electro
y de la era post disco. Sin
ellos, sería difícil entender
el primer tramo de la carrera
de Prince o la veta más rockera de Lenny Kravitz, por
ejemplo. Tan influidos por
Jimi Hendrix, Frank Zappa
o Sly Stone como por la abigarrada parafernalia visual
del glam, la ciencia ficción y

un incorregible sentido del humor, las dos formaciones fueron vitales para
reformular las enseñanzas del funk y llevarlas a una nueva dimensión. Sus
hallazgos aún hoy suenan tan rozagantes como el día en que fueron alum-
brados.

George Clinton había formado The Parliaments en 1955, en Nueva Jersey, pero tras mudarse a Detroit bifurcó su trayecto en las dos nuevas enseñas, Parliament y Funkadelic. La primera, al servicio de un concepto más
comercial del funk; la segunda, más influida por la psicodelia, el rock y los
desarrollos instrumentales intrincados. Por no abundar en una carrera tan
prolífica que es casi un pozo sin fondo, conviene destacar las tres obras magnas sobre las que hay consenso generalizado: *Mothership Connection* (1975) es
el mejor trabajo de Parliament, decisivo años más tarde a la hora de cincelar
los contornos de cierta clase de hip hop, como prueba el emblemático *The
Chronic* de Dr. Dre (1992), que le debe prácticamente todo. En su nómina
destacaban, aparte de Clinton, dos extraordinarios músicos que también co-
escribieron y coprodujeron la mayor parte del material: Bernie Worrell a los
teclados y Bootsy Collins al bajo, batería y guitarra. Sin olvidar a leyendas
como Michael y Randy Brecker, junto a Maceo Parker en la sección de vientos. Temas como «Give Up The Funk (Tear The Roof Off The Sucker)»
o «Mothership Connection (Star Child)» resumen muy bien su contenido.

Por lo que respecta a Funkadelic, tanto *Maggot Brain* (1972) como *One
Nation Under a Groove* (1978) son sus dos grandes álbumes. El primero es
un disco exuberante, rebosante de imaginación, un torrente de rock negro
henchido de *groove* que se plasma en canciones como «Can You Get To
That», «Hit It and Quit It» o el tema titular. El segundo, encabezado por

su irresistiblemente bailable tema titular, refinó la fórmula y les aupó a su pico comercial.

Tanto Parliament como Funkadelic diluyeron su actividad a partir de principios de los ochenta, con George Clinton ya embarcado en discos en solitario (mención especial para *Computer Games*, de 1982) y nutriéndose de savia nueva aportada por sus discípulos: en 1989 se alistó en Paisley Park (el sello de Prince) y en 1996 barnizó sus clásicos de modernidad en compañía de Ice Cube, Coolio, Q-Tip, Digital Underground y otras estrellas del hip hop, todos en cierta forma herederos de sus enseñanzas.

Marvin Gaye
Sudor y sexo
1959 – 1984

Fue un gigante no ya del soul, sino de la música negra y de la música popular, sin etiquetas. Pero la contribución específica de Marvin Gaye a la música disco se cimentó en sus trabajos de mediados de los setenta e incluso en la tardía joya que apuntilló su carrera en 1984, justo antes de que su padre acabara de forma abrupta con su vida. Se puede decir que el álbum *Let's Get It On* (1973) se avanzó –en algunos casos por semanas, casi en ajustada *photo finish*– al aterciopelado soul disco sensual que luego expidieron Barry White, Teddy Pendergrass o Luther Vandross. Para entonces, Gaye ya era una gran estrella: su imponente bagaje en las filas de la Motown durante los años sesenta, coronado por una obra maestra como *What's Going On* (1971), que marcaba su emancipación definitiva como compositor e intérprete mayúsculo, dotado de conciencia racial y social, así como capacidad para tramar un álbum conceptual, ya le había aupado a los altares.

Pero fue precisamente cuando permutó sus cuitas contextuales por los asuntos del corazón y de la entrepierna cuando sentó –seguramente sin saberlo– algunos de los cimientos de la música disco en su versión más epidérmica. Un desbordante caudal de sensualidad (los gemidos y jadeos femeninos de algunas de sus canciones no eran moneda común en aquella época, más allá del universo Gainsbourg) que se desparrama en un álbum sobresaliente como *Let's Get It On* (1973) y modula su orientación protodisco en el notable *I Want You* (1976), con la participación decisiva de Leon Ware a la producción y compartiendo escritura. El registro de *Here, My Dear* (1978) no es muy diferente, si bien la amargura de sus textos, influidos por su reciente ruptura marital con Anna Gordy (hermana de Berry Gordy, jefe de Motown), lo alejan del canon hedonista del género. Por algo fue un fracaso de ventas. Su sintonía con los ritmos que hacían furor en las discotecas tampoco se evapora cuando llega el también notable *In Our Lifetime* (1981), aunque las ventas siguieron declinando.

Justo cuando parecía que su destino era el olvido, tras una década impecable en Motown, se marcó un último giro maestro con el tórrido y ecléctico disco soul de *Midnight Love* (1982), anticipado por aquel «Sexual Healing» que se convirtió en la canción más popular de toda su carrera, aquella que nunca falla en recopilaciones de *oldies* ni en emisoras de radio nostálgicas. Su producción se beneficiaba ya de los trucos de estudio que abrillantaban el sonido de la gran mayoría de grandes producciones de música negra, cerca del manido *crossover*. Y es una lástima que su inesperada muerte, en 1984, nos privara de contemplar cómo podría haber evolucionado a lo largo de unos años ochenta en los que el barnizado sonoro de los discos del ramo experimentaba cambios notables cada dos o tres temporadas.

Thelma Houston
Rehén de una versión
1966

Pasó a la posteridad de la música disco por su exitosa revisión de «Don't Leave Me This Way», el clásico de Harold Melvin & The Bluenotes, pero Thelma Houston (nacida en Misisipi en 1946 pero fichada por la Motown en 1971) acumulaba ya entonces una relevante carrera como intérprete de material ajeno, al que dotaba de inflamadas relecturas que incrementaban la intensidad de los originales. Así fue como debutó en 1969 con un *Sunshower*

repleto de composiciones de Jimmy Webb y un *cover* del «Jumpin' Jack Flash» de los Rolling Stones. Eso fue antes de su ingreso en el sello de Berry Gordy y la inyección de clembuterol soul que le procuró al homónimo *Thelma Houston* (1972), el álbum más sólido de su carrera.

El componente bailable de su música se va acentuando con *I've Got The Music In Me* (1975) y su ardoroso tema titular, y estalla definitivamente con *Anyway You Like It* (1976), encabezado por aquella versión de «Don't Leave Me This Way» que le granjea un premio Grammy y se convierte en un éxito en casi una veintena de países. Sus álbumes no eran globalmente –ni mucho menos– odas a la música disco, aunque durante aquella época coqueteara con ella: «I'm Here», extraída de *The Devil In Me* (1978), suena a intento bastante descarado por emular el éxito de su versión de Harold Melvin & The Bluenotes, pero la flauta no volvió a sonar. Sí estuvo más cerca con «Love Masterpiece», incluida el mismo año en la banda sonora de la película *¡Por fin es viernes!* (Robert Klane, 1978).

Recuperó su entente con Jimmy Webb en el resultón *Breakwater Cat* (1980), compuesto por canciones de clara orientación disco como «Long Lasting» o su versión del «Suspicious Minds» de Elvis Presley (muchos años antes de que los Fine Young Cannibals la abordasen), pero siempre se quejó de que la reacción negativa que experimentó por aquel entonces el fenómeno disco la dejó sin una base real de público. Ha seguido vinculada –en mayor o menor medida– a la música hasta nuestros días, si bien dilatando en el tiempo sus discos y apariciones públicas, casi siempre confinadas al rescate de la canción de la que siempre será rehén.

The Jackson 5 / The Jacksons
Asuntos de familia
1964 – 1989, 2001, 2012

El talento conjunto de Jackie, Tito, Marlon, Jermaine y, sobre todo, Michael, los cinco hermanos Jackson de Indiana, jugó un papel apreciable aunque no absolutamente determinante a la hora de perfilar los contornos de la música disco de finales de los setenta, si bien su enorme repercusión como fenómeno comercial y como avanzadilla de algunas de las claves que marcarían la música negra durante las décadas de los setenta y parte de los ochenta les asegura un hueco más que justificado en el relato de la música popular de la segunda mitad del siglo XX, éxito de Michael al margen.

Debutaron discográficamente en 1969, convirtiéndose en la última gran formación de la Motown entre su época de esplendor y la fase de madurez que algunos de sus más destacados músicos (Marvin Gaye, Stevie Wonder)

atravesaron en solitario. Lo hicieron amadrinados por Diana Ross, quien les había escogido como teloneros de sus conciertos, cuando Michael solo contaba once años: *Diana Ross presents The Jackson 5* (1969) es su primer álbum, relanzado por el enorme éxito de «I Want You Back», su canción más conocida hasta nuestros días, originalmente compuesta para Gladys Knight. Formulados como fenómeno adolescente en un momento en el que el mercado era receptivo (rivalizando con The Osmonds, sus homólogos blanquitos), los Jackson 5 reeditaron la misma excepcional acogida con «ABC» y «The Love You Save», los dos sencillos extraídos de *ABC* (1970), de nuevo agitando un puñado de estupendas creaciones del brillante equipo de compositores de la Tamla Motown a ritmo de funk, soul y mucho *bubblegum* pop.

La buena racha se prolongó durante varios años en los que hasta gozaron de su propia serie de dibujos animados y todo un arsenal de merchandising. «I'll Be There» o su versión del «Ready Or Not Here I Come (Can't Hide From Love)» de los Delfonics –dos décadas después revisitada por The Fugees– de *Third Album* (1970), el navideño *The Christmas Album* (1970) o *Get It Together* (1973), forman parte de aquella fase de hiperactividad, pero la cuerda se tensa demasiado cuando se cercioran de que Motown no está por la labor de permitir que crezcan por libre, componiendo e instrumentando sus propios discos, y la relación entre banda y sello se disuelve tras *Dancing Machine* (1974), su primera gran incursión en territorio disco mediante aldabonazos como «She's a Rhythm Child», «The Life of the Party» o el tema titular.

El cambio de Motown a Epic les transforma en The Jacksons. Por fin son una banda adulta. Joven, pero no adolescente. Aunque Michael apenas roce la mayoría de edad. Jermaine, quien se había casado con una hija de Berry Gordy, abandona la nave, y es reemplazado por Randy. Gordy se había quedado con la propiedad del nombre del grupo, y los Jacksons no tardan en echarse en brazos de Gamble y Huff, los creadores del sonido Philadelphia. El álbum homónimo *The Jacksons* (1976) no termina de cuajar comercialmente, pese a sus muy bien pulidas invitaciones al baile («Enjoy Yourself», «Keep On Dancing»). Tampoco *Goin' Places* (1977). Pero el incontestable *Destiny* (1978), crisol de «Blame It On The Boogie» y «Shake Your Body (Down To The Ground)», les confirma como formación plenamente autónoma y versátil, responsable única de un producto brillante, beneficiándose del inminente momento de ebullición máxima de la música disco. Supone una avanzadilla de lo que vendría con el *Off The Wall* (1979) de Michael Jackson.

Ya con la figura de Michael aupada a la categoría de estrella global, los Jacksons aún editarían un par de álbumes con poco que envidiar a los discos de este: al menos así fue con el sensacional *Triumph* (1980), porque lo cierto es que *Victory* (1984), el único con los seis hermanos al completo, bajó considerablemente el listón. En el ocaso de una década de los ochenta que encumbró a Michael y asistió a la incapacidad de Jermaine para labrarse un trayecto relevante, se publicó *2300 Jackson Street* (1989), trabajo de valor más testimonial que creativo. Más de cien millones de discos vendidos en todo el mundo y un par de mangas de conciertos (en 2001 y en 2012, esta última –lógicamente– ya sin Michael) les contemplan desde entonces. Nunca lo que comenzó como un fenómeno adolescente dio para tanto.

Janet Jackson
Lejos de la sombra del clan
1973

Janet ha sido la única integrante de la familia Jackson que ha logrado labrarse una carrera brillante y con repercusión global desmarcándose de la enorme sombra de Michael, y lo ha hecho –además– escribiendo algunos de los más notorios capítulos de la era post disco, cuando el pop *mainstream* ya se dejaba infectar por excitantes cruces entre funk, soul de baja intensidad, pop y hedonismo para la pista de baile, con la connivencia de la industria del videoclip en pleno auge de la MTV. Lo tenía muy difícil para competir, no solo por el mastodóntico éxito de su hermano sino también por la rotunda repercusión de Madonna o Whitney Houston en similares lides, pero Janet Jackson logró articular una propuesta sin la cual posiblemente no se entendería a TLC, En Vogue, Destiny's Child, Brandy, Monica, Toni Braxton y otros proyectos femeninos de música urbana que medraron en los años noventa y dos mil.

Sus comienzos no fueron precisamente un camino de rosas, pese al pedigrí familiar. Los bisoños (no hay más que ver sus postadas) *Janet Jackson* (1982) y *Dream Street* (1984) no dan la medida real de sus posibilidades, pero el excepcional *Control* (1986) advierte al mundo de que hay una artista total en ciernes: de la mano del tándem formado por Jimmy Jam y Terry Lewis, el disco es una orgía de funk sincopado, r'n'b zalamero y soul casi futurista, que se anticipa a muchas de las corrientes que triunfarían en la música negra de consumo a finales de década, a través de canciones inapelables como «When I Think Of You», «Nasty» o «What Have You Done For Me Lately». Vende más de medio millón de copias. Su estatus de estrella se confirma con el notable *Rhythm Nation 1814* (1989), un álbum extenso y conceptual, de ritmo nuevamente trepidante, con canciones concienciadas social y políticamente en un ámbito estilístico en el que eso no era frecuente, y en el que otra vez Jam y Lewis se esmeran a la producción. El cambio de década no la pilla a pie cambiado, más bien al contrario, porque el sobresaliente *Janet* (1993) sería algo así como el tercer vértice de esa espléndida trilogía: en él estiliza su discurso, potencia la sensualidad de su imagen (aquella explícita portada de *Rolling Stone*), rebaja el tempo casi marcial que había distinguido sus últimas hornadas de canciones y se abastece de combustible hip hop (rap de Chuck D de Public Enemy en «New Agenda»), house, funk y hasta jazz (sampler de Lionel Hampton en «Funky Big Band»).

Desde aquel cénit creativo de la primera mitad de los noventa, su carrera cejó en el intento de desafiar sus propios límites, delegando en una fórmula que –y el detalle no es baladí– ha seguido deparando discos muy consistentes hasta ayer mismo, como quien dice. *The Velvet Rope* (1997), *All For You* (2001), *20 Y.O.* (2006) o *Unbreakable* (2015), este último ya en su propia discográfica, son la prueba. Ninguno de ellos destiñe con el paso del tiempo.

Michael Jackson
Megaestrella global
1964 – 2009

Tan inabarcable como su propia condición de figura de repercusión transversal en la cultura pop, la discografía de Michael Jackson, ya fuera con sus hermanos al frente de los Jacksons o los Jackson 5 como (especialmente) por su propia cuenta, depara tantos motivos de interés que sería imposible detallar por entero en un libro de estas características. Nos quedaremos, pues, con la producción que más concomitancias tuvo con el fenómeno de la música disco, y esa historia tiene que comenzar –inevitablemente– por un kilómetro cero perfectamente definido: se llama *Off The Wall* (1979), una obra maestra que se sitúa en el epicentro mismo del fulgor discotequero de la época, en su particular punto de máximo brillo. No era su primer trabajo en solitario, pero sí el que alfombró su condición de estrella mundial. Tenía un precedente en el estupendo *Destiny* (1978) de The Jacksons, que salió solo un año antes, pero con este álbum saltó la banca porque se trata de una formidable e inspiradísima demostración de música negra irresistiblemente bailable, extraordinariamente producida por Quincy Jones. «Don't Stop Til You Get Enough», «Rock With You», «Get On The Floor» o «Burn This Disco Out» no solo son clásicos irrebatibles: también marcan su momento de mayor sintonía con las atestadas pistas de baile y la efervescencia que hervía bajo sus bolas de espejos, patentando una fórmula de la que (décadas más tarde) tomarían muy buena nota Justin Timberlake o Bruno Mars.

Con todo, su eclosión definitiva aún estaba por llegar. Y se produjo con el mayestático *Thriller* (1982), símbolo de toda una época por esos 66 millones de copias que lo encumbraron como el álbum más vendido en la historia del pop. Todo un logro si tenemos en cuenta que por aquel entonces la MTV aún era remisa a emitir videoclips de músicos negros, un anacronismo que ahora mismo nos parece aberrante. Michael Jackson triunfaba sin reparos en un mundo todavía hecho a la medida de los blancos, y su figura adquiría relieve de mito. ¿Las razones? Su imponente talento como bailarín, vocalista, visionario escénico y comandante en jefe de auténticas maniobras de dominación mundial en forma de canciones inapelables, como «Wanna Be Startin' Somethin'» (con su indisimulada influencia del «Soul Makossa» de Manu Dibango, de 1972), «Baby Be Mine», «Thriller», «Beat It», «Billie Jean» o «P.Y.T. (Pretty Young Thing)», marcadas por una mayor apertura estilística que las de su predecesor, más propensas a ese *crossover* que alentó el esplendor de Madonna o Prince, las otras dos figuras capitales del pop de consumo masivo de la década de los ochenta. Los álbumes de Michael Jackson durante aquella época fastuosa eran acopios de singles en potencia. Labores de ingeniería sonora planteados como órdagos, nuevos desafíos en una carrera sin freno por superar cualquier marca previa. Cualquiera de sus cortes era susceptible de convertirse en un *hit* planetario. Y eso es lo que ocurrió con la largamente esperada secuela de *Thriller*, aquel *Bad* (1988) del que se extrajeron «The Way You Make Me Feel», «Smooth Criminal», «Man In The Mirror», «Dirty Diana», «Another Part of Me» o «I Just Can't Stop Loving You» como sencillos de enorme difusión, bajo un sonido que en ocasiones se endurecía con la presencia de guitarras eléctricas, muy lejos ya del satinado barniz que aplicaba a sus producciones de finales de los setenta. La fase de esplendor comercial y creativo de Jacko se cerró después con el infravalorado *Dangerous* (1991), en el que cambió los servicios de su fiel Quincy Jones por una nómina de ingenieros de sonido (Teddy Riley, Bill Bottrell, Bruce Swedien), anticipándose a la que sería tendencia común a muchas estrellas durante los noventa y dos mil.

El resto de su trayectoria es tristemente sabido: más notorio por sus traumas irresolubles y por sus extravagancias públicas que por su producción discográfica, apenas reducida a un discreto álbum de material nuevo como fue *Invincible* (2001). Murió en 2009, pero ya había hecho – sobradamente – historia. Una historia en la que la música disco supuso durante largo tiempo un condimento esencial.

Curtis Mayfield
Supernova intermitente
1964 – 2009

No cabe duda de que Curtis Mayfield fue uno de los gigantes de la música negra en su fase de emancipación total, cuando la madurez del soul y del funk se fundían con la conciencia social activada por la lucha por los derechos civiles y el de Chicago competía – palabras mayores – con otros titanes de la talla de Marvin Gaye, Stevie Wonder o Isaac Hayes. Nunca gozó del predicamento popular de cualquiera de ellos, pero eso no significa que sus argumentos creativos fueran menores, ni mucho menos. Su eterna voz en falsete ya gozaba de una reputación extraordinaria desde su época con The

Impressions, formación soul de los años sesenta que impulsó también los posteriores trayectos de los grandísimos Jerry Butler y Leroy Hutson (este ya en su última época), pero es el primer tramo de la década de los setenta el que marcó su mejor cota, con álbumes en solitario absolutamente memorables como *Curtis* (1970) –el más completo– , *Roots* (1971), la banda sonora blaxploitation *Superfly* (1972), *Back To The World* (1973) o *There's No Place Like America Today* (1975). Todos son historia dorada de la mejor música negra de todos los tiempos, e influencia decisiva para músicos de generaciones posteriores: desde Paul Weller a Bran Van 3000, pasando (por supuesto) por Prince o Brand New Heavies, se cuentan por decenas los discursos de cierto renombre que tomaron buena nota de sus enseñanzas, tanto desde el árbol genealógico de raigambre negra como desde el pop o el rock. Fue especialmente reverenciado en el Reino Unido a partir de los noventa.

Su posterior relación con la música disco, no obstante, es contradictoria: cuando le dio por zambullirse en ella sin complejos, muchos de sus fans de largo recorrido se sintieron alienados. No deja de tener su lógica, porque su mejor registro no era ese. En cualquier caso, hay poco que desdeñar en álbumes como *Do It All Night* (1978), *Heartbeat* (1979), *Something To Believe In* (1980) o *The Right Combination* (1980) –este último con Linda Clifford–, sus incursiones más descaradas en territorio disco, y a estupendas odas a la sensualidad como «Do It All Night», «Party, Party», «Keeps Me Loving You», «You Are, You Are», «Tell Me, Tell Me (How Ya Like To Be Loved)», «What Is My Woman For» o «Rock Me To Your Socks». Obviamente, ninguna de esas canciones goza de la gravedad espiritual ni de la hondura artística de sus mejores obras, pero vale la pena reevaluarlos a estas alturas con menor severidad que con la que se calibraron en su momento. Los ochenta vieron como su carrera se fue diluyendo, y los noventa comenzaron marcados por la desgracia: quedó tetrapléjico tras caerle encima una tramoya de luz en un concierto. Esa inmovilidad de cabeza para abajo no le impidió regresar con un canto del cisne tan digno como *New World Order* (1998), todo un ejemplo de supervivencia, su último gran disco antes de fallecer en 1999 a consecuencia de una complicación de su diabetes, a los 57 años.

Prince

Sexo, purpurina y lágrimas
1975 – 2016

Con la muerte de Prince Roger Nelson a los 57 años se fue uno de los grandes creadores pop en su sentido más amplio, sin restricciones. Porque aunque su perfil emergió muy ligado al funk, como una suerte de talentoso reformulador de las enseñanzas de George Clinton, Rick James, Bootsy Collins o Sly & The Family Stone, pronto mostraría no solo sus dotes de músico total (empuñando la mayoría de instrumentos presentes en sus grabaciones y autoproduciéndose), sino también su condición de genio para integrar en un mismo credo varios lenguajes. Participó del fulgor de la música disco en sus cuatro primeros álbumes (prácticamente surgidos desde la misma cresta de la ola del fenómeno), en los notables *For You* (1978), *Prince* (1979), *Dirty Mind* (1980) y *Controversy* (1981), siempre con la mirada puesta en un futuro inmediato en el que un irrefrenable sentido del ritmo y un uso prolijo de los sintetizadores marcarían ese cruce de caminos en el que funk y rock negro copularían en una nueva dimensión. Pero sus mejores obras llegaron cuando conjuró el jubiloso fulgor de las mejores canciones de Marc Bolan al frente de T Rex, la lasciva sensualidad del mejor *funk*, las flamígeras guitarras de Jimi Hendrix y una capacidad para pergeñar viñetas de pop radiante que parecía haber heredado de los mismísimos Beatles. El pequeño genio de Minneapolis facturó una retahíla de álbumes entre 1980 y 1991 que nadie ha podido superar. Ni por lo prolífico (prácticamente a disco por año) ni por su infalible listón cualitativo, dotado del halo de la infalibilidad. Ni Michael Jackson mantuvo nunca tal promedio entre cantidad y calidad. Así fue al menos hasta que comenzaron los noventa, en que empezó a flaquear pese a las incontables gemas que aún se diseminaban en cualquiera de sus trabajos.

Entre sus obras maestras, nos aventuramos a citar al menos cuatro, editadas en un escaso margen de tiempo: el ya citado *Dirty Mind* (1980), *Purple Rain* (1984), *Parade* (1986) y el doble *Sign O' The Times* (1987). Álbumes de una belleza caleidoscópica, de una desbordante riqueza de registros, regidos por una inspiración suprema. Con el cambio de década y el inicio de sus pleitos con la Warner, aquella época –entre 1993 y 1996– en la que se definió como un esclavo de la discográfica y cambió su nombre por el famoso símbolo del círculo y la flecha invertida, comenzó también el declive. Desfiló por EMI, Arista, Columbia o NPR (llamado así por la New Power Generation que le acompañaba), una inestabilidad editora que tenía su reflejo en una carrera ya errática, plagada de proyectos conceptuales grandilocuentes y vacuos, aunque con algún ocasional repunte de interés. Como *Musicology* (2004) o *3121* (2006), que fue su primer número uno desde la banda sonora de *Batman* (1989). En julio de 2007 regaló *Planet Earth* (2007), su trigésimo segundo álbum, en el Reino Unido, a todo aquel que se hiciera con una copia del periódico *The Mail On Sunday*, en una de las primeras maniobras de esta clase a cargo de un músico célebre. De hecho, lo hizo un poco después de que Rubén Blades ideara una estrategia similar, pero también antes de que Radiohead despacharan su *In Rainbows* (2007) en internet a cambio de la voluntad, ante la aclamación popular de medio mundo. Su último trabajo, las dos entregas de *HITnRUN* (2016), arrojaban un saldo tan infructuoso como cualquiera de sus últimos precedentes, con las constantes vitales bajo mínimos en términos creativos.

Sea como fuere, su influencia fue decisiva para entender la música que posteriormente facturarían Terence Trent D'Arby, Cameo, Bobby Brown, Lenny Kravitz, Outkast e incluso el Beck más travieso (el de *Midnite Vultures*, en 1999). Supo fagocitar la jovialidad desaforada de la mejor música disco en sus primeros trabajos. Y su sombra ha seguido y seguirá proyectándose sobre cientos de músicos adscritos a diferentes trincheras creativas.

Diana Ross
Renacimiento disco
1959

Producto de la cadena de montaje de la Motown, Diana Ross es la mujer más exitosa nunca salida de la factoría de Detroit, protagonista de extraordinarias fases de hervor soul y posterior excitación disco. Fue el ojito derecho de Berry Gordy (de hecho, mantendrían una relación sentimental en la segunda mitad de los sesenta, y tuvieron un hijo en común) desde que formó parte de The Supremes, el trío femenino más notorio de la música negra durante la década de los sesenta, y supo luego reciclarse en una carrera en solitario que alumbró al menos cuatro álbumes memorables a finales de los setenta, en los que el influjo de la de música disco fue incrementándose de forma palpable: son *Diana Ross* (1976), *Baby, It's Me* (1977), *The Boss* (1979) y *Diana* (1980).

Había debutado en solitario en 1970, con los estupendos singles «Reach Out and Touch (Somebody's Hand)» y «Ain't No Mountain High Enough», que se convirtió en el primero de sus sencillos en llegar al número uno de las listas. Ambos fueron extraídos de su álbum de debut homónimo, el notable *Diana Ross* (1970). Su fórmula se fue estilizando a medida que avanzaban los setenta, alternando baladas melosas con incitaciones al baile, cada vez con mayor determinación. 1976 marca el punto de inflexión, como para tantos otros músicos que vieron sacudidos sus argumentarios cuando la fiebre del baile se apoderó de las discotecas de medio mundo. Los siete minutos y medio de «Love Hangover» son la punta de lanza de otro disco homónimo, así bautizado como si se tratase de un renacimiento, simplemente *Diana Ross* (1976), y suponen su primer chapuzón sin ambages en el estilo que por entonces ya empieza a causar furor. Tres cuartos de lo mismo cabe decir de «Your Love Is So Good For Me», el principal foco de efervescencia disco de *Baby, It's Me* (1977). Cuando llega el cimbreante y jovial *The Boss* (1979), la inmersión en la música disco ya es total, con el binomio Valerie Simpson/ Nickolas Ashford trabajando a pleno rendimiento, abasteciendo a la diva de canciones como «No One Gets The Prize», «The Boss» o «Once In The Morning».

De cualquier forma, la cima de Diana Ross en solitario –y también su modulación más memorable de los ritmos disco– fue el glorioso *Diana* (1980), en el que de nuevo la mano diestra de Nile Rodgers y Bernard Edwards (a los controles y en la rúbrica de sus ocho rutilantes canciones) se encarga de elevar a los altares el material que moldea. Otra vez Chic mejorando todo lo que tocan, y convirtiéndolo en canciones clásicas, a las que el tiempo no desgasta, por mucho que nacieran asociadas a una coyuntura muy concreta. Genio en estado puro, con una vocalista en estado de gracia, tal y como aquella magnética y sensual portada en blanco y negro sugería. «Upside Down», «I'm Coming Out» (años más tarde adoptada como himno LGTB), «Have Fun (Again)» o «Give Up» son inoxidables muestras de la *joie de vivre* que envolvía aquel elepé. La cumbre de un renacer creativo que no tendría continuidad, ya que Ross obligó a remezclar el material antes de su salida, cercenó su relación con la Motown y dejó a Chic compuestos y sin que el segundo disco a cuya producción estaban ligados por contrato con la discográfica llegara a ver la luz. Fue el principio del fin de Diana Ross como artista de relevancia, ya que a partir de entonces daría unos enormes palos de ciego, con discos tremendamente almibarados (en el mejor de los casos, como *Silk Electric*, de 1982), directamente anodinos (en el peor, como *Swept Away*, de 1984) o desesperadamente miméticos, tratando infructuosamente de no perder el tren de las modas (como *Workin' Overtime*, de 1989, arrimándose sin gracia al new jack swing). Un desvarío que no debe empañar su fulgurante tránsito de los sesenta a los ochenta.

The Spinners
Por la puerta de atrás
1954

Este quinteto de Detroit no obtuvo nunca el oropel mediático que rodeó a muchos compañeros de generación ni de sello, especialmente a aquellos que gozaban de las mejores atenciones del aparato promocional de Motown. De hecho, es una canción compuesta por Stevie Wonder (la sensacional «It's A Shame») aquella por la que todo el mundo les recuerda, pese a que amasaron –especialmente desde 1972– una inagotable retahíla de discos que ejemplifican de forma brillante el tránsito del soul sofisticado al funk y a la música disco.

En 1972 entran en Atlantic de la mano del productor y compositor Thom Bell, uno de los popes del sonido Philadelphia, en una maniobra similar a la que años más tarde ejecutarían los Jackson 5 tras salir escaldados de la disquera de Berry Gordy. De Detroit a Philadelphia, sin solución de continuidad, con todo lo que ello implica en cuanto a sonido. The Spinners figuran desde hace unos años en el Rock and Roll Hall of Fame de Michigan, de donde procedían, pero perfectamente podríamos haberles destinado al capítulo de los músicos de Philly. Porque a partir de aquel año 72, y ya con Phillip Wynne como nuevo vocalista principal, expidieron clásicos que por su elegancia y majestuosidad, con sus frondosos aderezos de cuerda y su serena sensualidad, se sitúan en ocasiones a escasos palmos de las gemas facturadas por The O'Jays en el mismo periodo: escuchen «I'll Be Around», «Mighty Love», «Ghetto Child» o «The Rubberband Man» y saldrán de dudas.

El momento en el que la música de los Spinners y el género disco cruzan sus caminos con mayor claridad es a partir de 1978, con Phillip Wynne ya reemplazado por John Edwards, en álbumes como *From Here To Eternally* (1978), *Love Trippin'* (1979), *Can't Shake This Feeling* (1981) y *Grand Slam* (1982), rebosantes de proyectiles dirigidos a la pista de baile como «Are You Ready For Love», «If You Wanna Do a Dance (All Night)», «Love Trippin'», «Split Decision», «Love Connection (Raise The Window Down)» o «Magic In The Moonlight». Una fase creativa de menos cuajo que su periodo dorado, desde luego, pero sintomática de ese tránsito por el que pasó casi toda la música negra entre finales de los setenta y principios de los ochenta. Durante las últimas décadas los miembros supervivientes de la banda han seguido dando conciertos en el circuito del puro y duro *revival*, sin necesidad de añadir nuevas muescas a su discografía.

Stevie Wonder
De niño prodigio del soul a mago disco funk
1954

Stevland Hardaway Morris, conocido en todo el mundo como Stevie Wonder, fue el niño prodigio de la Motown durante toda la década de los sesenta, pero despuntó en la década de los setenta como un solista formidable que ayudó a sentar algunos de los pilares de la música disco con una secuencia de trabajos sin apenas desperdicio, en los que su omnívoro apetito musical (intérprete, multiinstrumentista, ingeniero de sonido) fundía funk, r'n'b y esa voluptuosidad rítmica que empezaba a marcar el signo de los tiempos. Ciego prácticamente desde su nacimiento, ingresó en la discográfica de Detroit con solo 11 años para no darle la espalda jamás. Con ellos ha editado hasta el último de sus trabajos, ya en el siglo XXI. Eso sí, bajo sus propias premisas.

La enorme influencia de Ray Charles se hacía notar en su producción primeriza, aquella fase de adolescencia en que se hacía llamar Little Stevie y sus canciones lucían entre lo más granado de la fase de esplendor de Motown, aquella música jubilosa hecha en serie por negros para consumo de blancos. Como ocurrió con otros ilustres correligionarios, fue el cambio de decenio el que le alentó a dar un giro maestro a su obra, al tiempo que el fin de la inocencia de la década prodigiosa daba paso al baño de realidad

que suponía la resaca de Vietnam, el Watergate, la larga lucha por los derechos civiles de la comunidad negra y la crisis económica de 1973. Fue a partir de entonces cuando, aupado en su dominio de los sintetizadores Moog y Arp e instruido en su vasto bagaje musical, Stevie Wonder hizo que lo suyo sonase como música negra hecha en technicolor. Un gozoso y vitalista brebaje cuyos sonidos nunca se escoraban a lo más miserable, pese a lo complicado del contexto y a las dificultades a las que él mismo hizo frente durante toda su vida.

La secuencia de discos que le convertirían en leyenda comienza con *Music of my Mind* (1972), del que se puede decir que es su primer álbum francamente unitario, el primero que se salta la tozuda y vieja alternancia entre sacudidas r'n'b y baladas azucaradas, y que fue auspiciado por la renovación de su antiguo contrato con Motown, notablemente mejorado en cuanto a los royalties a percibir y –lo que es más importante– en cuanto a libertad creativa. Su talento discurría ya sin cortapisa alguna. Es un disco no tan redondo como los posteriores, pero que esboza ya la cristalización definitiva de todas sus potencialidades como intérprete, compositor y productor, alineándose con la fase de madurez de otros titanes como Marvin Gaye o Curtis Mayfield. Su olfato para combinar sentimentalismo y denuncia social en canciones exuberantes, entre el aliento orgánico de casi toda su instrumentación y la electricidad de sus teclados, cobra mayor foco en el irreprochable *Talking Book* (1973), la primera de sus obras maestras, popularizado por «Superstition» o «You Are The Sunshine of my Life». Y se refina aún más con el abigarrado *Innervisions* (1974), otra maravilla de la que sobresalen «Too High», «Living For The City», «Higher Ground» o «Jesus Children of America».

Su cima, y también el último de sus discos en verdad relevantes para la evolución de la música negra, llega con el doble y ambicioso *Songs In The Key of Life* (1976), algo así como su particular *White Album* o su *Exile In Main Street*. Un álbum frondoso e inagotable, coronado –desde la óptica que aquí nos interesa– por la apabullante orgía disco de «Another Star», entre otras piezas bailables del calibre de «I Wish», «Ordinary Pain» o esa «Black Man» que obliga a preguntarse si Jamiroquai fue alguna vez necesario, junto a preciosas miniaturas como «Have a Talk With God», «Village Ghetto Land» o aquella «Pastime Paradise» que es la razón para que Coolio se hiciera célebre en 1995, vistiéndola como «Gangsta's Paradise». Con todo, su compadreo más evidente con la vis más comercial de la música disco llegaría cuatro años más tarde, en algunos de los cortes extraídos de *Hotter Than July* (1980), como «Did I Hear You Say You Love Me», «All I Do» o «Do Like You», aunque su saldo global fuera mucho más ramplón, a años luz de sus anteriores trabajos. En realidad, el resto de su intermitente carrera también desluce al lado de aquellos discos, limitándose a vivir de rentas, pese a algún inesperado y digno repunte como *A Time To Love* (2005), editado tras la muerte de su primera esposa Syreeta Wright, y con colaboraciones de Prince y En Vogue.

Philadelphia
Disco soul de etiqueta

«La música disco ha venido para quedarse.»
Casey Kasem

Los arreglos exuberantes, las nutridas secciones de viento y de cuerdas y la elegante sensualidad que desprendían –en general– sus canciones fueron las señas de identidad del sonido Philadelphia, que se gestó en la ciudad más grande de Pennsylvania durante la primera mitad de los años setenta. Supuso un excepcional caldo de cultivo para la posterior emergencia de la música disco, especialmente en su versión más serena, sentimental e incluso erótica.

Al igual que había ocurrido antes en Detroit (con Motown), en Nueva York (con Atlantic) o en Memphis (con Stax), el sonido de la ciudad tuvo mucho (bueno, prácticamente todo) que ver con una discográfica, un equipo de compositores, una nómina de músicos de sesión y un puñado de extraordinarias estrellas. El sello fue Philadelphia International Records, creado en 1971 por los productores Leon Huff y Kenny Gamble. Los compositores principales fueron músicos como Thom Bell, el tándem MacFadden & Whitehead, Norman Harris o Linda Creed. Los músicos de sesión fueron (fundamentalmente) quienes formaban la MFSB, la orquesta que surtía de estupendos arreglos casi todos aquellos discos, grabados en los estudios Sigma, y que también facturó discos a su nombre. Y las estrellas que interpretaron sus composiciones e hicieron realidad los sueños de los propietarios del sello fueron The O'Jays, Harold Melvin & The Bluenotes, The Delfonics, The Stylistics, Teddy Pendergrass, The Spinners, Billy Paul, The Intruders o The Trammps, entre muchos otros.

Prácticamente todo lo que salió de aquel sello desde principios de los setenta hasta finales de la década, el llamado sonido Philly, en cuyo seno llegaron incluso a recalar The Jacksons tras emanciparse de la Motown, ayudó a configurar los contornos de la música disco más elegante y distinguida que se ha hecho nunca.

The Delfonics
Pioneros del sonido Philadelphia
1965

Auspiciados por Thom Bell, productor que fue santo y seña del sonido Philadelphia, los Delfonics fueron una de las bandas de soul aterciopelado que mejor alfombraron el camino para aquella música disco ralentizada, sensual y lúbrica que eclosionaría una vez pasado el ecuador de los años setenta. Prácticamente pioneros en esas lides, el estallido disco les pilló ya en fuera de juego, con sus miembros embarcados en discretas trayectorias por cuenta propia, sin dar con la fórmula para que los hados del mercado se congraciaran con el rol de esencial pieza de engranaje en la cadena evolutiva de la mejor música negra.

Pero todo lo que facturaron entre 1967 y 1972 se ganó con creces el pasaporte a la posteridad como una música que allanó el camino a sus sucesores. Los hermanos William y Wilbert Hall, junto a su amigo de la infancia Randy Cain, dieron forma a canciones tan mayúsculas como «La-La (Means I Love You)» (1967), «Didn't I (Blow Your Mind This Time)» (1967), «Ready Or Not Here I Come (Can't Hide From Love)» (1968) –que sería versionada años más tarde por los Jacksons y por los Fugees– o «Hey! Love» (1972), extraídas de álbumes inmaculados como *La La Means I Love You* (1968), *The Sound of Sexy Soul* (1969), *The Delfonics* (1970) o *Tell Me This is a Dream* (1972).

Composiciones elegantísimas, de alto calado sentimental, propensas a la reivindicación tardía: el cineasta Quentin Tarantino empleó «La-La (Means I Love You)» y «Didn't I (Blow Your Mind This Time)» en momentos cumbre de la banda sonora de su película *Jackie Brown* (1997), justo en un momento en el que el nombre de The Delfonics ya estaba asociado al circuito de viejas glorias al que se inscribieron desde su reagrupación en 1980.

Loleatta Holloway
Garganta leonina
1967 – 2011

Podríamos haber incluido a esta portentosa vocalista, nacida en Chicago, tanto en la escena de la música disco de Nueva York como en la de Philadelphia, por cuanto compartió presupuestos sonoros con ambas y grabó en los Sigma Sound de Philly a las órdenes de productores de allí pero lo hizo principalmente a través de un subsello de la neoyorquina Salsoul. Nos inclinamos por la segunda opción, aunque en realidad no importe tanto: de lo que no hay duda es de que fue una de las grandes gargantas femeninas de la era disco en su punto álgido, a solo un palmo de Donna Summer, Gloria Gaynor o Grace Jones.

Ella venía del soul, y a fe que se notaba en su timbre vocal, pero la fiebre de las discotecas le pilló justo en medio, y supo sacarle partido al fenómeno. Su alianza con el productor Norman Harris, miembro de la MFSB y uno de los pilares del sonido Philadelphia, fue clave: de su mano plasmó su tercer disco en su recién creada discográfica, Gold Mind (filial de Salsoul), el torrencial *Loleatta* (1977), exultante *tour de force* de música disco frondosa y elocuente, con «Hit and Run» como gran himno. La racha continuó con *Queen Of The Night* (1978), *Loleatta Holloway* (1979) y *Love Sensation* (1980), y canciones como «Only You», «All About The Paper» o la magistral «Love Sensation» (sin la que «Ride On Time», el hit italodisco de Black Box de 1989, nunca hubiera existido), todos ellos infalibles proyectiles directamente encauzados a las cabinas de los disc jockeys.

El cierre de Salsoul a principios de los años ochenta la dejó sin sello, a merced de una carrera intermitente que ya no volvió a brillar con fuerza hasta que la sucesión de samplers que fusilaban fragmentos de su «Love Sensation», ya en los noventa, acabó revirtiendo en su favor gracias a que Marky Mark and The Funky Bunch (el combo del luego actor Mark Wahlberg) sí la acreditaron en «Good Vibrations», su gran hit de 1991. Falleció en 2011, a los 64 años, de un ataque al corazón.

The Intruders
Romanticismo disco soul
1960 – 1985

El molde del sonido de Philadelphia en sus días de gloria tampoco se entendería sin la aportación
de The Intruders, cuarteto de la
ciudad que fue de los primeros
en reportarle singles de impacto
a la histórica factoría philly, antecedente necesario de la fiebre
disco que cundiría ya desde mitad de los setenta. «Cowboys to
Girls» (1968) en especial, pero
también «Together» (1967),
«Love Is Like a Baseball Game»
(1968), «When We Get Ma-
rried» (1970) o «I'll Always Love My Mama» (1973) fueron canciones con
especial predicamento en la escena soul del cambio de década, de los sesenta
a los setenta. Los Intruders fueron, de hecho, la primera gran apuesta de
Kenny Gamble y Leon Huff cuando decidieron liarse la manta a la cabeza
y crear su propio sello, Philadelphia International, antes de que la enseña se
viera reforzada por los también emergentes Harold Melvin & The Bluenotes
o The O'Jays, dos formaciones cuya repercusión les oscureció.

Sam «Little Sonny» Brown, Eugene «Bird» Daughtry, Phillip «Phil» Terry y Robert «Big Sonny» Edwards habían formado la banda en 1960, hasta
que en 1969 entró Bobby Star para reemplazar a Sam Brown como vocalista
principal. Ya en su estupendo segundo álbum, *Cowboys To Girls* (1968), se advierte la notoria impronta rítmica –antecesora de la música disco– de la que
dotaban a algunas de sus tersas y opulentas odas de soul y r'n'b elegante y
romanticón: «Turn The Hands Of Time», «It Must Be Love» o «Everyday
Is a Holiday» son buena prueba de ello. Editaron tres álbumes más, en los
que combinaban primoroso material propio con versiones de canciones po-
pularizadas antes por Dusty Springfield, Bacharach/David o Marvin Gaye:
son *When We Get Married* (1970), *Save The Children* (1973) y *Energy of Love*

(1974), todos con Gamble y Huff de lugartenientes. Se separaron en 1975 para volver a juntarse en 1984, y desde entonces Bobby Star se las ha apañado para mantener en activo una formación de los Spinners de cuya alineación original hace tiempo que es el único superviviente.

LaBelle
Trío divergente
1971-77, 2008

Nona Hendryx, Patti LaBelle y Sara Dash dejaron de ser Patti LaBelle & The Bluebells en el momento en el que viraron hacia el funk y el soul inflamado de turgencia góspel a principios de los años setenta, tramando una serie de discos que en un principio se nutrían de relecturas de clásicos del pop y el rock pero también de producción propia. La productora británica Vicki Wickham fue quien obró la reconversión, que se plasmó visualmente en la llamativa indumentaria del trío, ataviado con trajes de lentejuelas y un fondo de armario que oscilaba entre la ciencia ficción y el glam rock, y que en lo musical generó los estimulantes *LaBelle* (1971) y *Moonshadow* (1972). El primero albergaba versiones de «You've Got a Friend» (Carole King), «Wild

Horses» (Rolling Stones) o «Time and Love» (Laura Nyro), mientras el segundo acometía «Won't Get Fooled Again» (The Who) y «Moonshadow» (Cat Stevens). Trabajos tibios que, no obstante, no anticipaban el considerable salto cualitativo experimentado con el álbum de su consagración: fue el fabuloso *Nightbirds* (1974), grabado con Allen Toussaint en Nueva Orleans, de donde salió el torrencial «Lady Marmalade» (escrita por Bob Crewe y Kenny Nolan), temprano clasicazo de la era disco que ha pervivido como una gema del periodo hasta nuestros días, con aquel provocador estribillo («voulez vous coucher avec moi ce soir») que hacía referencia al argot de las prostitutas de la ciudad.

La producción de Toussaint, el chamán de los viejos sonidos de la ciudad francófona de Louisiana, imprimía a la música de este trío femenino procedente de Philadelphia una profundidad especial, el arcano aliento orgánico de los sonidos de la ciudad, esa magia especial que se nutre de su teclado Fender Rhodes y su frondosa sección de viento (trombón, trompeta, saxo, flauta), en perfecta combinación con el impulso bailable de unas canciones que se alineaban con los nuevos tiempos, con la primacía de las discotecas, así que repitieron la jugada en el también magnífico *Phoenix* (1975), cuyo único pecado era no contar con un nuevo «Lady Marmalade». El canto del cisne de LaBelle llegaría con *Chameleon* (1976), un disco que evidenciaba el desequilibrio que comenzaba a agrietar lo que hasta entonces se había parecido mucho a un triángulo equilátero: Nona Hendryx, más interesada por el rock y el funk aguerrido, firma aquí seis de sus ocho canciones, mientras Sara Dash advierte de su interés por la música disco pura y dura y Patti LaBelle se inclina por ese acaramelado baladismo que tan bien explotaría durante su carrera en solitario, ya en los ochenta. Intereses demasiado divergentes como para mantener la entente sin disensiones. Así que el trío se separa, y no volvería a reencontrarse en un estudio hasta más de tres décadas después, con el muy digno *Back To Now* (2008), en el que se rodearon de un rutilante equipo de colaboradores, formado por Wycleaf Jean, Lenny Kravitz y el tándem Gamble & Huff. Hasta entonces, quien había mantenido una carrera en solitario más interesante y estilísticamente audaz de las tres fue Nona Hendryx.

The O'Jays
Leyendas philly
1958

El sonido Philadelphia que acuñaron Kenneth Gamble y Leon Huff desde su sello Philadelphia International tuvo una de sus indiscutibles cimas en la discografía de The O'Jays, quinteto originario de Canton (Ohio) que había empezado a editar discos en 1963, pero gozó de su prolongado momento de gloria desde el momento en el que pasó a formar parte de la escudería *philly*, en 1972. Formados por Eddie Levert, Walter Williams, William Powell, Bobby Massey y Bill Isles, los O'Jays deslumbraron con *Back Stabbers* (1972), un fascinante álbum al que muchos consideran –con razón– el pináculo expresivo del sonido Philadelphia, antecedente necesario para lo que fue la eclosión disco que sacudiría al mundo unos pocos años después. Con «Time To Get Down», «Love Train» o su glorioso tema titular como puntas de lanza, el álbum situó al quinteto como una de las principales fuerzas motrices de la música negra de la primera mitad de los setenta, aunque su nombre no sea tan recurrente como los de Marvin Gaye, Stevie Wonder, Curtis Mayfield y otros solistas que también combinaron eclecticismo formal y conciencia social como salvoconductos para madurar sus carreras, por fin emancipadas de la tutela que sus antiguos sellos y formaciones habían ejercido sobre ellos durante casi toda la década anterior. La alianza con Gamble y Huff, tanto a los controles como en la puesta en circulación de sus canciones, siguió dando sobresalientes frutos con *Ship Ahoy* (1973), otro prodigio de destreza entre el soul, el funk y el rock, que expidió temas como «Put Your Hands Together» o los mayestáticos siete minutos de «For The Love of Money», con su canónica línea de bajo marcando un *tempo* para la historia, saqueado por cientos de músicos (sobre todo de la escena hip hop) y considerado por *Rolling Stone* como «completamente orgiástico». Amén.

La catarata de grandes discos de The O'Jays no cesó durante el resto de la década, aunque ya sin despachar obras maestras. Al fin y al cabo, solo unos pocos elegidos son capaces de facturar un reguero interminable de obras magnas. Pero no por eso a los de Ohio se les secó la inspiración, ni mucho menos. De hecho, es en discos como *Family Reunion* (1975), *Survival* (1975) o *Message In The Music* (1976) en los que puntualmente se localiza su material más bailable, anticipando la fiebre disco imperante (a la que se sumarían de forma más clara con temas posteriores como «Take Me To The Stars», de

1978, o «Get On Out and Party», de 1979) en cortes como «Survival», «Rich Get Richer», «Livin' For The Weekend», «Unity», «I Love Music» o «Message in Our Music». Tras la grabación del último de ellos, William

Powell fallece de un cáncer y es reemplazado por Sammy Strain, de Little Antony & The Imperials. E incluso desde entonces, la carrera del quinteto ha mantenido un asombroso ritmo editor prácticamente hasta nuestros días, poniendo en la calle nuevos discos cada dos o tres años, en paralelo a su ingreso en el Vocal Group Hall of Fame (2004) y en el Rock and Roll Hall of Fame (2005), en reconocimiento a su estatus de leyendas de la mejor música negra (o popular, en sentido amplio) de todos los tiempos.

McFadden & Whitehead

La pareja prodigiosa
1970

La pareja formada por Gene McFadden y George Whitehead fue uno de los tándems más prolíficos del sonido Philadelphia, tanto componiendo a nombre propio como –sobre todo– para otros artistas. Su mayor éxito fue el célebre «Ain't No Stopping Us Now» (1979), uno de los grandes clásicos del género disco. Una contagiosa canción, pinchadísima en el Paradise Garage de Nueva York, que inicialmente fue acogida como himno de la comunidad negra, aunque en realidad era fruto de la frustración que la pareja sentía ante su sempiterno carácter subalterno, siempre componiendo para otros. De hecho, Gamble & Huff, los jefes de Philadelphia International Records, en un principio querían que fuera interpretada por The O'Jays. En cualquier caso, y con independencia de que pudieran competir escénicamente con cualquiera de las enseñas clásicas de aquella época dorada del sello, lo cierto es que McFadden y Whitehead tenían talento de sobra para tramar álbumes tan sólidos y exuberantes como el homónimo *McFadden & Whitehead* (1979).

Algo más que lógico, si tenemos en cuenta que para entonces habían puesto su firma al servicio de The Intruders («I'll Always Love My Momma», 1973) Harold Melvin & The Blue Notes («Wake Up Everybody», 1975), Archie Bell & The Drells («Let's Groove», 1975) o The Jacksons («The Strength of One Man», 1976), entre muchos otros.

Se habían conocido cuando apenas eran adolescentes, encabezando el quinteto The Epsilons, apadrinado por Otis Redding –quien se los llevó de gira– antes de su desgraciada muerte en accidente de avión en 1967. Luego pasaron por Stax y más tarde por Philadelphia International, la casa en la que gozaron de preeminencia como compositores a sueldo, al más puro estilo de lo que en su momento hicieron Holland, Dozier y Holland (dos Holland eran hermanos: Lamont es el nombre propio de uno de ellos) en la Motown o Porter y Hayes en la propia Stax. Surtieron de espléndidas canciones a la plana mayor de artistas del sello hasta que se marcaron tres estupendos álbumes consecutivos ya a su nombre, el mencionado debut homónimo, *I Heard It In a Love Song* (1980) y *Movin' On* (1982), en los que combinaban elegantes y suntuosas baladas con invocaciones a la pista de baile que casaban a la perfección con la agitación del momento, como «I Know What I'm Gonna Do», «This Is My Song», «One More Time» o «Movin' On».

Gene McFadden murió en 2004, asesinado a balazos en plena calle mientras reparaba su coche, en un caso sin resolver. Tan solo dos años después, John Whitehead fallecía de un cáncer de pulmón. Tenían 55 y 56 años, respectivamente. Un final demasiado abrupto, especialmente si tenemos en cuenta que muchos años antes ambos habían prácticamente vuelto a nacer tras perder el vuelo de American Airlines que partía de Chicago el 25 de mayo de 1979, y que poco después se estrelló con 258 pasajeros a bordo. Una entrevista que les retuvo en la ciudad había tenido la culpa. Para que luego digan de la prensa.

Harold Melvin & The Bluenotes /
Teddy Pendergrass
Soul disco de etiqueta
1954 – 1996

Anticipando las baladas satinadas de Barry White, Luther Vandross y otros juglares del soul disco de alcoba de finales de los setenta, Harold Melvin &

The Bluenotes fue otra formación seminal para entender por qué el estallido de la música disco no es disociable del soul más distinguido que emanó de la primera mitad de la década, de entre el cual el sonido de Philadelphia avanzó algunas de sus cotas más refinadas. Aunque se habían formado como The Bluenotes muchos años antes, no fue hasta la llegada de Teddy Pendergrass como vocalista principal en 1970 y el padrinazgo de Gamble & Huff que la formación recabó sus mejores frutos, especialmente con el exitazo de «If You Don't Know Me By Now», sencillo que alcanzó el número uno de las listas norteamericanas en 1972, y que sería versionado por Simply Red en 1989, entre otras relecturas de menor repercusión.

La época dorada del combo auspiciado por Harold Melvin fue de 1972 a 1976, periodo durante el cual enlazaron un puñado de álbumes irreprochables, como *Harold Melvin & The Bluenotes* (1972), *I Miss You* (1972), *Black & Blue* (1973), *Wake Up Everybody* (1975) o *To Be True* (1975), despachando extraordinarias canciones que eran como heraldos de la fiebre disco que estaba al caer, como «The Love I Lost», «Is There a Place For Me», «Where Are All My Friends», «Nobody Could Take Your Place», «Bad Luck», «Keep On Lovin' You» o su versión del «Don't Leave Me This Way» de Thelma Houston. La suerte de Harold Melvin & The Bluenotes se torcería tras la agria marcha de Pendergrass en 1975, tras disputas acerca de las ganancias que debían corresponderle. En esencia, la clásica historia de vocalista y cabeza visible al que se le queda pequeña la banda y ha de emprender carrera en solitario. Este protagonizaría una prolífica carrera a su nombre hasta finales de los noventa, si bien sus mejores frutos colindarían con la música disco en momentos muy puntuales de sus álbumes, repletos de baladas y medios tiempos: ese fue el caso de las bailables «If You Know Like I Know», «Do Me», «Hot Love», «I Just Called To Say», «Keep On Lovin' Me» o la fabulosa «You Can't Hide From Yourself», todas entre 1977 y 1984. Harold Melvin & The Bluenotes también continuarían activos durante los ochenta y buena parte de los noventa, aunque ya recluidos en el circuito de viejas glorias.

MFSB

Mensaje de amor
1971 – 1981

Acrónimo de Mother, Father, Sister, Brother, los MFSB fueron una formación de más de treinta músicos de estudio que oficializaron el molde del sonido de Philadelphia e influyeron de forma decisiva a la música disco que eclosionó sobre todo en la Nueva York de finales de los setenta, especialmente por sus dos temas más conocidos: «Love is the Message» y «T.S.O.P.» (The Sound of Philadelphia, la horma instrumental del «Soul Train» que popularizaran The O'Jays), ambos con la firma de Kenny Gamble, jefe del sello Philadelphia International junto a Leon Huff, e incluidos en su embriagador segundo álbum, *Love is the Message* (1973). Años más tarde ambas canciones encarnarían algunos de los momentos cumbre en las sesiones que Larry Levan programaba los fines de semana en el Paradise Garage neoyorquino, a finales de década.

Fueron el buque insignia instrumental del sello de Philadelphia, y estuvieron facturando discos a su nombre hasta 1980. Todos ellos rebosan de una exuberancia de lo más elegante, con profusión de metales y vientos al servicio de composiciones fastuosas. *Universal Love* (1975) generó otras dos gemas proto-disco como «Sexy» y «Let's Go Disco», y tras otros trabajos notables como *Summertime* (1976) o el sosegado *Mysteries of the World* (1980), con más influencia del jazz, se separaron. Al igual que ocurrió antes con la Motown o con Stax, la historia de los grandes sellos de la música negra de la época no se entendería sin su nómina de instrumentistas a sueldo. En el caso de MFSB, tenían además entidad como una convincente enseña propia.

Sister Sledge
Familia bien avenida
1971

Escuchar la rotunda línea de bajo del «He's The Greatest Dancer» de Sister Sledge –cortesía de Bernard Edwards (Chic)– y acordarse al instante del «Gettin' Jiggy With It» de Will Smith (1997) y de algunas otras canciones que la samplearon, es todo uno. Una muestra, en esencia, de la perdurabilidad de todo lo que sonaba en *We Are Family* (1979), el extraordinario álbum que fue mucho más que una coartada para unos *one hit wonders*: pese a que casi todo el planeta se acuerda de Sister Sledge por su tema titular y su onda expansiva (¿quién no recuerda su rebrote popular tras aparecer en la banda sonora del film *Una Jaula de Grillos*, de 1996?), lo cierto es que aquel tercer disco de estas cuatro hermanas de Philadelphia es un compendio de golosinas bailables sin desperdicio. Desde la fantástica «Lost in Music» hasta «One More Time», pasando por «Thinking Of You», «Easier To Love» o «You're a Friend To Me». La intervención decisiva de Nile Rodgers y

Bernard Edwards –esto es, Chic– en tareas de composición, producción e instrumentación elevó la música de Sister Sledge a cotas muy altas, que no repetirían (pese a que reeditarían alianza con ellos en el estimable, pero no genial, *Love Somebody Today*, de 1980).

Debbie, Joni, Kim y Kathy Sledge habían formado Sister Sledge en 1971. Y pese a que tanto *Circle of Love* (1975), su primer álbum, como *Together* (1976), el segundo, habían funcionado relativamente bien en las listas e incluso les había generado un creciente culto en Europa, no dieron el estirón definitivo –creativo y comercial– hasta que Chic se toparon en su camino. Obviamente, el resultado final tuvo más en común con el irresistible cimbreo de estirpe neoyorquina de la guitarra de Rodgers y el bajo de Edwards que con el sofistisoul con ribetes disco de la escuela de Philadelphia, a la que por origen pertenecían. Tras un par de álbumes con ellos, cambiaron a Chic por Narada Michael Walden en la consabida apertura *crossover* tan de principios de los ochenta (la música disco ya estaba en entredicho), mezclando rock, funk y soul pop, pero el resultado (*All American Girls*, 1981) no fue ni de lejos tan brillante. El resto de la década de los ochenta lo repartieron entre producciones propias y discos trufados de colaboraciones de postín (Al Jarreau, Michael Sembello) e incluso recurriendo de nuevo a Chic (*When The Boy Meets The Girls*, 1985), pero lo coyuntural de su sonido, tratando de adaptarse como un guante a las innovaciones tecnológicas y a la creciente plasticidad de envoltorios sonoros cada vez más amanerados, traslucía ya una propuesta irrelevante.

The Stylistics
El falsete estratosférico
1968

El inconfundible falsete de Russell Thompkins Jr. (que en ocasiones llegaba a confundirse con el timbre de voz de una mujer) fue la nota distintiva de este quinteto de Philadelphia, cuya importancia para la música disco fue más notoria por lo que tuvo de precedente como parte integrante del soul sofisticado de Philly que como estandarte de la música de baile de la época. De hecho, la gran eclosión de las discotecas les pilló ya con el pie algo cambiado, aunque algunos de los temas de *Hurry Up This Way Again* (1980), su último álbum en repercutir en listas, compartieran el molde bailable del momento,

aunque de un modo bastante más inocuo y algo superado por el tiempo. The Stylistics se forman en 1968 de la fusión de The Monarchs y The Percussions, dos bandas juveniles de la ciudad. Su formación la completan –junto a Thompkins Jr,– Airrion Love, Herb Murrell, James Smith y James Dunn.

Fue el tándem formado por el productor y compositor Thom Bell (quien venía de pulir un buen número de eficientes singles a nombre de The Delfonics) y la letrista Linda Creed quienes supieron extraer el mejor jugo a la banda, enlazando una ristra de éxitos que penetraban con facilidad en el Top 20 de los años 1971, 1972, 1973 y 1974: comenzado por el extraordinario «Stop, Look, Listen» y terminando por «You Make Me Feel Brand New», con «Betcha By Golly», «Wow, I'm Stone In Love With You» o «Break Up To Make Up» entre ellos. Provenientes de álbumes como *The Stylistics* (1971) –el mejor–, *Round 2* (1972), *Rockin' Roll Baby* (1973) o *Let's Put It All Together* (1974). La ruptura con Bell en 1974 dio al traste con la racha, y a partir de entonces no volverían a merodear alturas similares, pese a que la segunda mitad de la década –con Van McCoy como supervisor– alentó un provechoso éxito en el Reino Unido. Como tantas otras formaciones del ramo, no han dejado de actuar y editar discos hasta nuestros días, aunque casi siempre para un reducido cupo de fans nostálgicos.

The Trammps
Precursores disco
1972 - 1992

El periodista musical norteamericano Ron Wynn dijo que la música de The Trammps «auspició el fervor, la celebración y la atmósfera que hizo que la música disco fuera tan amada como odiada entre los melómanos». Seguramente no hay una mejor definición de lo que esta amplia formación (casi un colectivo, sobre todo cuando les arropaba la MFSB) de Philadelphia cosechó desde su debut, en 1972, como pioneros del género y luego ya como parte central de su ética y estética. Fundados y liderados por el batería y vocalista Earl Young, tocaron el cielo de la música disco con el extenuante *Disco Inferno* (1976), un cuarto elepé cuyo tema titular se coló en la banda sonora de *Fiebre del Sábado Noche* (1977), convirtiéndose en la mejor tarjeta de visita de una discografía con bastante más cuajo al margen del *hit* puntual. Era aquel un álbum absolutamente concebido para la refriega en la pista de

baile, desde su misma portada –un colorista diseño en torno a un zapato de
plataforma– hasta cada uno de los cortes que lo integraban, y que culminaba
el ascenso de una banda precursora, uno de los más perfectos eslabones entre el r'n'b y el soul de finales de los sesenta y la música disco de los setenta.

Disco Inferno marcó su clímax, pero mucho antes ya habían entregado ro-
tundas piezas de r'n'b que perfectamente pueden ser considerados perdigo-
nazos de la temprana era disco, como «Love Epidemic» y «Trammps Disco Theme» (ambas de *Trammps*, 1975) o «Hold Back The Night» (de *The
Legendary Zing Album*, 1976). En cualquier caso, nunca gozaron del plácet
del gran público ni de la crítica, aunque algunos de sus discos sean plenamente reivindicables como radiografías de aquel momento de efervescencia,
con títulos tan descaradamente explícitos como *The Whole World's Dancing*
(1979). Reyes sin corona del disco soul, los Trammps comenzaron a espaciar
sus entregas desde los primeros años ochenta, y no han dejado de actuar en
directo en pro de una marca de notable linaje.

California, Florida, Memphis y Texas
Calidez y alborozo en las pistas de baile del sur

«La música disco mecería un nombre mejor, un nombre bonito porque fue una forma de arte bonita. Hizo que el consumidor fuera bello. El consumidor era la estrella.»
Barry White

Las sensuales plegarias, rebosantes de sentimentalismo y lubricidad, que compuso Barry White, así como la cópula con la tradición jazz que George Benson trazó, o el gran éxito del dúo A Taste of Honey con su hit «Boogie Oogie Oogie», los tres desde Los Angeles; los grandes himnos con los que Sylvester galvanizó los ánimos de la comunidad LGTB de San Francisco; los jubilosos rompepistas del cálido sonido que desde Florida promulgaban KC & The Sunshine Band y el sello TK de Miami, que alumbró –entre otros– la nunca bien ponderada alianza entre George y Gwen McRae antes de que su matrimonio se fuera al garete; la semilla de la mejor música disco orquestal que plantó el gran (en todos los sentidos) Isaac Hayes desde su cuartel general en Memphis, prolongando la exquisitez de la histórica Stax, santo y seña del soul sureño... son muchas las formas en las que la música disco se manifestó en los estados del sur de los EE.UU., lejos de la ebullición de las tres urbes que luego marcarían el devenir más aventurado de la música negra, Nueva York (de la música disco al garage), Detroit (de la Motown al techno) o Chicago (cuna del house). La música disco adquirió en las grandes ciudades del sur norteamericano una tonalidad propia, generalmente más cálida y despreocupada, más sensual y caprichosa.

George Benson
Suave es la noche
1954

El veterano George Benson es un músico forjado en el jazz, virtuoso de la guitarra eléctrica, que ha coqueteado a lo largo de su carrera con el rhythm and blues, con el soul, con el funk y –cómo no– con la música disco, hasta el punto de que es precisamente «Give Me The Night», su incursión más decidida en el género –también la que le dio más popularidad– la que no suele faltar prácticamente en ninguno de sus conciertos desde hace décadas, levantando al público de sus asientos. En realidad, su tránsito de jazzman a epítome de la música disco ya lo vaticinaban álbumes como *Breezin'* (1976), marcado por el éxito de su versión del «This Masquerade» de Leon Russell, o *In Flight* (1977), en el que se postulaba como alumno aventajado del mejor Stevie Wonder, aunque prevaleciera el sello personal de sus tradicionales solos de guitarra.

El músico de Pennsylvania grabó el álbum *Give Me The Night* (1980), el más emblemático de su trayectoria, en los estudios Kendun de Burbank y en los Cherokee de Los Angeles, ambos en California, y es por ello que lo hemos incluido en este apartado. Jugó con la mano ganadora –por única vez– de Quincy Jones, productor de sus diez canciones, que oscilaban entre el contagioso pulso bailable de «Love for Love», «What's On Your Mind» o el fabuloso tema titular y satinados ejercicios de estilo para la escucha en horizontal –incluso para ambientar románticas maniobras de apareamiento– como «Midnight Love Affair», «Love Dance» o «Moody's Mood», que le granjearon lógicas comparaciones con Al Jarreau. Y agudizó la orientación comercial de su carrera con el soul dance pop del digno *In Your Eyes* (1983), ya con la fiebre disco en el retrovisor, en un registro similar al de Lionel Richie y bajo la batuta del histórico productor Arif Mardin (Aretha Franklin, Chaka Khan, Dionne Warwick, Bee Gees).

Beyoncé
Terremoto global
1997

La tejana Beyoncé es la superestrella pop negra femenina de primer orden que mejor ha sabido reciclar algunos de los viejos hallazgos de la música disco dentro de una fórmula que ha girado siempre en torno al moderno r'n'b, desde los tiempos en que formó parte del trío femenino Destiny's Child, entre finales de los noventa y principios de los dos mil. Gozando de una carrera multimillonaria cuyas riendas ha sabido embridar con el paso del tiempo, convertida en una máquina de hacer dinero con cada nuevo disco o cada nueva gira –en ocasiones en alianza con su marido, el rapero Jay Z– , ha demostrado con el tiempo que su trayecto, plenamente autónomo en su forma de manejarse en la industria actual, tiene poco que envidiar al de cualquier gran figura femenina de la música negra del pasado siglo. La sombra de Diana Ross, de Prince o de Michael Jackson es palpable en su música e incluso en el fastuoso sentido del espectáculo que despliega en cada concierto. Canciones como «Crazy In Love» (con su irresistible *sample* del «Are You My Woman» de los Chi-Lites), «Green Light», «World Wide Woman», «Blow» o «Formation» son auténticas bombas de relojería en cualquier pista de baile, composiciones en las que tradición y modernidad se dan la mano.

Con todo, su carrera no ha estado exenta de altibajos: debutó en solitario con el más que prometedor *Dangerously in Love* (2003) y deslumbró con el notable *B'Day* (2006), pero entró en una fase de estancamiento con los edulcorados *I Am... Sasha Fierce* (2008) y *4* (2011). Justo cuando parecía que su nombre estaba destinado a engrosar el abultado capítulo de la mayoría de estrellas femeninas de ébano de las últimas dos décadas, generalmente incapaces –por diversos motivos– de sustentar trayectorias consistentes en el tiempo (el arcón en el que se citan Lauryn Hill, Aaliyah, Jill Scott, Alicia Keys, Erykah Badu e incluso –duele reconocerlo– la gran Missy Elliott), se descolgó a finales de 2013, con nocturnidad y alevosía (fue filtrado por internet y sin previo aviso), con una obra magna como *Beyoncé* (2013), un fascinante tratado de negritud sónica y temática de contornos casi futuristas (con colaboraciones de Pharrell Williams, Timbaland, Justin Timberlake o Frank Ocean) que fue seguido por el no menos excitante *Lemonade* (2016), en el que incluso aireaba los trapos sucios de su tambaleante matrimonio con Jay-Z (infidelidad incluida) en un notable ejercicio de arrojo creativo. Poco queda ya de aquella muchacha tutorizada por su propio padre, el empresario Matthew Knowles, en los tiempos de Destiny's Child: Beyoncé es hoy en día una superestrella por derecho propio. Y habrá que estar también muy atentos a lo que su hermana pequeña Solange depare en un futuro, a tenor del cariz que va tomando su emergente carrera.

James Brown
Obra y gracia del funk
1946 – 2006

Como principal responsable de la conversión del rhythm and blues en funk, el ascendiente de James Brown sobre la música disco es irreemplazable, por mucho que más tarde se fuera licuando porque apenas se sumergió en el género en discos como *Sex Machine Today* (1975), con aquella portada que brindaba el subtítulo de *Disco Soul. Dance Dance Dance*, o *The Original Disco Man* (1979). Con todo, conviene recordar que no eran incursiones en toda la regla en ámbito disco: en ellos el impulso bailable se citaba también con medios tiempos de soul sureño y arrebatos de funk a la antigua usanza. De hecho, su autor ha renegado con frecuencia del segundo de los álbumes que hemos citado por considerarlo poco representativo de su obra, aunque no por ello se privó de bautizarlo (en otro de sus alardes de megalomanía) como el original rey del sonido disco. En realidad todo obedeció más a presiones de su compañía de discos que a un intento concienzudo por abrazar el nuevo sonido.

Considerado el padrino del soul y el padre del funk gracias a trabajos colosales como *Live at the Apollo* (1963), *Sex Machine* (1970) –con músicos como Maceo Parker, Bootsy Collins y Fred Wesley, vitales también en el argumentario posterior de Parliament y Funkadelic– o *The Payback* (1973), y canciones como «Papa's Got a Brand New Bag», «Cold Sweat», «Say It Loud, I'm Black and I'm Proud», «Funky Drummer» o «Get Up (I Feel Like Being a Sex Machine)», James Brown sublimó muchas de las constantes que marcarían esa evolución que llevó hasta el estallido disco (el *groove*, la sudorosa entrega, el sentido del ritmo, su altiva carga sexual), pero apenas llegó a comulgar con sus señas éticas y estéticas cuando este sedujo a medio mundo.

Earth, Wind and Fire
Ímpetu zodiacal
1969

Formados en Chicago por obra y gracia de Maurice White, quien bautizó el combo con los tres elementos de su signo del zodiaco, pero asentados en Los Angeles, Earth, Wind & Fire estuvieron durante años entre las bandas más notorias de todas las que preconizaron al advenimiento de la música disco desde la costa oeste. Fue en la época, mediados de los setenta, en que la revista *Rolling Stone* llegó a decir de ellos que habían cambiado la faz del pop

negro de su época. Lo cierto es que, aunque la aseveración pueda sonar exagerada, tenía su fundamento: pocos como ellos supieron combinar el legado funk de James Brown y la agitada conciencia social de Sly & The Family Stone con una potente sección de vientos que elevaba a cotas muy altas de intensidad y exuberancia unas canciones ya de por sí jubilosas, rebosantes de vida, que en ocasiones reflejaban también el imaginario particular de su principal miembro fundador, obsesionado con la mitología egipcia y con la ciencia ficción, en un registro que no casaba mal con los benditos delirios de Parliament/Funkadelic ni con la chillona estética del glam. El peculiar sonido de la kalimba, instrumento de origen africano que solía tocar Maurice White, fue una de sus señas distintivas. Como tantas otras formaciones exitosas de la época, el nombre de Earth, Wind and Fire siguió vigente hasta 2016, cuando White falleció tras unos años padeciendo Parkinson.

El mejor tramo de la vasta carrera de la banda se cifra entre 1974 y 1981, el tiempo en el que con más desparpajo contribuyeron a remover la tierra para que el seísmo de la música disco se hiciera notar en todo el mundo. El gran público les conoce, sobre todo, por canciones como «September» (1978), «Boogie Wonderland» (1979) o «Let's Groove» (1981), inconfundibles himnos gestados en plena efervescencia disco, pero vale la pena sumergirse por completo en álbumes tan espléndidos como *Open Your Eyes* (1974), *That's The Way Of The World* (1975), *Spirit* (1976), *All' N All* (1977) –el mejor y más ambicioso, conceptual y sónicamente– o *I Am* (1979). Con el cambio de década, especialmente desde *Electric Universe* (1983), su música se dota de un fuerte componente electrónico (influencia del synth pop y del electro) pero va perdiendo finura y empieza a acostumbrarse a navegar en la irrelevante liga de las viejas glorias venidas a menos. El barniz new jack swing de *Heritage* (1990), con colaboraciones de MC Hammer o The Boyz, ilustra su incapacidad para competir en los nuevos tiempos con las mismas armas que algunos de sus sucesores. Mejor les fue, no obstante, cuando se pasaron inteligentemente al carro del r'n'b y el neo soul de principios de los dos mil en el estimable *Work It Out* (2005), en compañía de Raphael Saadiq, Kelly Rowland, Big Boi o will.i.am, de Black Eyed Peas.

Isaac Hayes

Disco orquestal
1963 – 2008

Conocido sobre todo por la banda sonora del film blaxploitation *Shaft* (1971), este portentoso músico de Tennessee fue durante años uno de los mejores y más personales exponentes del soul de Stax, la histórica enseña radicada en Memphis, así como también un precursor de la música disco en su vertiente más ralentizada y sensual, compitiendo con su discípulo Barry White (aunque con bastante menos eco mediático) en las lides de ese cimbreante sonido que miraba tanto al cortejo de la pista de baile como a la posterior conquista de alcoba. De hecho, «Soul Man» de Sam & Dave, en 1967, uno de los grandes clásicos de la música negra, llevaba su firma (compartida con la de Dave Porter), y fue uno de los primeros aldabonazos de una carrera que iniciaría en solitario con *Presenting Isaac Hayes* (1967) pero cobraría plena rotundidad, casi avanzada a su tiempo, en el magistral *Hot Buttered Soul* (1969), un glorioso derroche de orquestaciones lujosas al ritmo

de un temario que combinaba material propio con ingeniosas relecturas de
Burt Bacharach («Walk On By») o Jimmy Webb («By The Time I Get To
Phoenix»), todo un bálsamo para que Stax cicatrizase la herida ocasionada
por la pérdida de Otis Redding, su principal activo hasta entonces. Luego
llegaría otra de sus primeras cimas aquella banda sonora de *Shaft* (1971) que
competiría con el *Superfly* (1972) de Curtis Mayfield como mejor registro
sonoro de la moda blaxploitation, si bien con un cariz mucho más instrumental, y que haría del efecto de guitarra wah wah un auténtico arte.

Con todo, aquellos trabajos no dejaban de ser antecedentes del estallido
disco, al que ya contribuiría casi en tiempo real unos años más tarde, casi
siempre con el profundo timbre de su voz como signo distintivo, en álbumes
muy estimables editados en su propio sello (Hot Buttered Soul, creado tras
el cierre de Stax) como *Disco Connection* (1975), *Chocolate Chip* (1975), *Juicy
Fruit (Disco Freak)* (1976), *New Horizon* (1977) o aquel *Royal Rappin's* (1980)
que le mostraba en imponente alianza con Millie Jackson. Durante las décadas de los ochenta y los noventa se fue extendiendo su influjo sobre decenas
de músicos del ámbito hip hop (su discografía anterior es una mina para es-
píritus sampledélicos) y su perfil cobró más notoriedad por sus inclinaciones
cienciológicas, por sus cameos en películas y por poner su voz al servicio del
personaje del Chef de la serie de animación South Park que por sus discos,
acogidos ya con bastante indiferencia. En agosto de 2008, diez días después
de su 66 cumpleaños, fue hallado sin vida en su domicilio a consecuencia de
que al corazón. Su gran contribución a la música disco fue lograr que durante unos cuantos años esta vistiera de etiqueta.

KC & The Sunshine Band
El sonido de Florida
1973 – 1985, 1993

La música disco con denominación de origen Florida, marcadamente rítmica, jubilosa, cálida y con firmes raíces en el soul y el rhythm and blues, no se
entendería sin KC & The Sunshine Band y el sello en el que militaron y del
que fueron principal franquicia, TK, la independiente regentada por Steve
Alaimo y Henry Stone desde 1972 a 1981 en la ciudad de Hialeah, casa también de George McRae. Paradójicamente liderados por dos músicos blan-

cos, Harry Wayne Casey y Richard Finch, diseminaron un reguero de clásicos absolutos de la era disco a lo largo de la década los setenta: «That's The
Way (I Like It)», «(Shake, Shake, Shake) Shake Your Booty», «I'm Your
Boogie Man», «Get Down
Tonight», «Boogie Shoes»
o «Please Don't Go» (esta
última versionada en clave
eurodance por los italianos
Double You en 1992) son
canciones que resultan familiares al oído incluso de
los menos adeptos a la música de baile. Algunas de
ellas fueron incluidas en su
extraordinario segundo álbum, *KC & The Sunshine
Band* (1975), temprana cima
de su carrera que gozó de
proyección intergeneracio-

nal con los samples que Notorious BIG o Digable Planets emplearon de
algunos de sus cortes en los noventa.

Part 3 (1976), *Who Do Ya Love* (1978), *Do You Wanna Go Party* (1979) y
el sintetizado *Ten* (1983), que albergaba el último de sus sencillos de éxito,
«Give It Up», siguieron la misma senda, aunque con inspiración decreciente
y elegancia mermada. Tras disolverse a mitad de los ochenta, el renovado
interés por la música disco que brotó en los noventa animó a Harry Casey
a reformar la banda sin resultados remarcables, más allá de sus frecuentes
actuaciones en el circuito nostálgico de la época y la edición *ad aeternum* de
recopilatorios y reediciones de sus mejores trabajos.

George McRae
Más que un one hit wonder
1963

Fueron precisamente KC & The Sunshine Band quienes abastecieron a su paisano George McRae de material para algunos de sus mejores trabajos, como fue el caso del sensacional *Rock Your Baby* (1974), álbum que también inspiró el sensual hit del mismo nombre. Un single que vendió la barbaridad de once millones de copias, se convirtió en uno de los grandes heraldos del estallido disco y es la razón principal para que al gran público le resulte familiar el nombre de este músico de West Palm Beach, epítome del sello TK y de la alborozada música disco que germinó en Miami a finales de los setenta. Dentro de aquel álbum figuraban piezas tan cegadoras como «You Got My Heart» o «You Can Have It All», versionada casi treinta años más tarde por el trío indie rock norteamericano Yo La Tengo.

Todas las canciones de aquel espléndido debut llevaban la firma de Harry Wayne Casey y Richard Finch. «Rock Your Baby» (la canción) nació destinada a que fuera su mujer, Gwen McRae, quien la abordase en solitario, pero el azar quiso que ella llegase tarde a la sesión de grabación. La alianza entre ambos, que venía de lejos (se habían conocido en los Jivin' Jets, la primera formación de George, en los años sesenta) se concretaría en el también sobresaliente *Together* (1976), firmado a medias entre ambos, otra de las grandes gemas del disco soul de la época, que demostraba que el matrimonio que formaban tenía mucho más talento del que se le supone a un par de *one hit wonders* (Gwen también había gozado antes de gran repercusión con el sencillo «Rockin' Chair», en 1975). Resulta chocante que el matrimonio se disolviera solo unos meses después de la edición de aquel descomunal álbum conjunto, toda una oda al amor en pareja.

George McRae ha seguido editando discos hasta nuestros días, afincado en Holanda desde finales de los ochenta, y propinando agradables sorpresas como aquel *Love* (2016) en el que demostraba mantener su falsete y las hechuras de su canicular sonido afortunadamente intactos.

Sly & The Family Stone
Revolución permanente
1966 – 1983

No tanto por su aportación directa como por la influencia que ejercieron en mucha de la música disco y post disco de finales de los setenta y principios de los ochenta, Sly & The Family Stone fueron importantes en toda esta historia. Earth, Wind & Fire, Kool & The Gang, The Jacksons, Prince o Cameo, entre muchos otros, tomaron muy buena nota de sus enseñanzas, por no hablar de su posterior sombra sobre la escena hip hop de los ochenta. El destino quiso que el momento de mayor apogeo disco coincidiera precisamente con su declive, un tiempo en el que eran vistos ya como una reliquia del pasado. En cualquier caso, la semilla plantada por álbumes magistrales

como *Dance To The Music* (1968), *Stand* (1969) o *There's A Riot Goin' On* (1972) ya había sido plantada con su particular forma de ensamblar funk, soul, rock, psicodelia y conciencia social y racial en canciones cuya cadencia, irresistiblemente bailable, anticipaba la fiebre de las discotecas que se contagiaría por medio mundo.

El texano Sly Stone, multiinstrumentista y productor cuya omnímoda capacidad musical preludiaba las artes de otros artistas totales como Rick James o Prince, fue el líder de esta multitudinaria formación asentada en Los Angeles desde 1969, adalid de la facción más anárquicamente funk de la música negra de los primeros setenta, en paralelo a las maniobras de George Clinton y sus Parliament/Funkadelic. Canciones como «Everyday People», «Dance To The Music» o «Family Affair» son una prueba más de que la música disco no germinó por generación espontánea, sino que fue un eslabón más de una cadena que unía evolutivamente el soul, el funk, los avances tecnológicos de finales de los setenta y los propios cambios en las pautas de ocio de las grandes urbes. Sly & The Family Stone también contribuyeron a que esa mutación genética transcurriese con naturalidad y acabara cobrando la forma que finalmente tuvo.

Sylvester
Icono disco gay
1962 – 1988

Sylvester James Jr era el nombre real de este músico de Los Angeles, asentado en San Francisco desde 1970, que comenzó curtiéndose en el góspel hasta que descubrió su auténtica senda musical tras dar rienda suelta y sin complejos a su abierta homosexualidad y convertirse en uno de los epítomes de la música disco, de la mano del sello Fantasy de Harvey Fuqua.

Quizá pocos hubieran apostado por ellos cuando, unos años antes (en 1972), y al frente de su proyecto Sylvester & The Hot Band, abordaba versiones más que cumplidoras de canciones de Bessie Smith, Billie Holiday, Procol Harum o Neil Young. Todo aquello cambió con su primer álbum en solitario, *Sylvester* (1977), en el que una composición de los taimados Ashford & Simpson, «Over and Over», le relanzó a la fama y avanzó las virtudes de un temario –casi todo de puño propio– que aún alternaba incitaciones al baile y remansos de calma, con las Pointer Sisters ejerciendo de coristas.

La balanza comenzó ya a inclinarse sin complejo alguno hacia la música disco más alborozada con su secuela, aquel *Step 2* (1978) que alentó los irrefutables «You Make Me Feel (Mighty Real)» (versionada por The Communards en 1989 y por el gran Byron Stingily, de Ten City, en 1998) y «Dance (Disco Heat)». El audaz *Stars* (1979), compuesto por cuatro petardazos en torno a los diez minutos de duración, directamente compuestos para la pista de baile, y el directo *Living Proof* (1979), sellaron el clímax de sus días de gloria como la voz en falsete más emblemática del género, todo un icono en la San Francisco liberal del momento, como miembro destacado de la comunidad LGBT, cantante, referente, símbolo y hasta actor.

El acentuado descrédito en el que los sectores más *rockistas* del público norteamericano quiso sumir a la música disco le hizo virar de registro, ralentizando sus canciones y arrimándolas a un disco soul que, en algunos momentos de *Sell My Soul* (1980), como «I Need You», parecen estar anticipando el deep house que brotaría un lustro después. Todo lo que fue despachando desde entonces hasta el momento de su muerte, en 1988 y a causa de la pandemia del SIDA, palideció en comparación con sus mejores discos a causa de su falta de rumbo, superado por las modas. Con todo, ya había dado cuenta de un talento que trascendía cualquier estereotipo de género o su propia condición de artista de un par de hits.

Anita Ward
Salvada por la campana
1979

«Ring My Bell», uno de los clásicos impepinables del momento álgido de la era disco, en pleno 1979, es la canción por la que siempre será recordada esta vocalista de Tennessee (Memphis), cuyo agudo timbre vocal era uno de sus rasgos distintivos. Criada en la fe del góspel, como tantas otras figuras del género, no fue hasta bien pasados los veinte años, y tras dedicarse a impartir clases a alumnos de primaria, que medró en el mundo de la música. Lo hizo de la mano de Frederic Knight, un intérprete, productor y disquero de Alabama que ya había gozado de cierta relevancia en el Reino Unido con su single «I've Been Lonely For So Long», en 1972.

Él compuso la mayoría de las canciones del resultón *Sweet Surrender* (1979), un debut largo que combinaba ardorosos rompepistas como «Don't Drop My Love» o «Can't Nobody Love Me Like You Do» con acaramelados baladones del calibre de «I Go Crazy» o «Forever Love You More». El gran as en la manga que Frederic Knight se guardaba, sin embargo, era un single inicialmente concebido para que lo interpretase Stacy Lattisaw, aquella bailable y adolescente (por su letra) «Ring My Bell» que en realidad a Ward no le entusiasmaba en absoluto.

La canción encabezó un segundo elepé que no tardaría en llegar, *Ring My Bell* (1979), y vendería por sí sola un millón de sencillos. El resto del álbum se alejaba conscientemente de aquel brote disco y rebajaba aún más el *tempo*

respecto a su predecesor, confirmando a Anita Ward como una voz que se
benefició de aquel momento de efervescencia, pero que en realidad estaba
más cerca del sophistisoul y del quiet storm (curiosa etiqueta, acuñada por
un éxito de Smokey Robinson y utilizada para los géneros de raíz negra ra-
diados a partir de la medianoche) de vocalistas de los estados del norte, como
Anita Baker, que del sello particular de la música disco sureña.

Barry White
El sultán de la música disco
1960 – 2003

Pocas figuras más icónicas (y a
la vez, propensas al estereotipo) del esplendor de la música
disco que la de Barry Eugene
Carter (1944-2003), el orondo
vocalista nacido en Texas (pero
criado en California) que se
labró una exitosa carrera coro-
nándose como el rey del género en su versión más tórrida y
sensual. Formuló una suerte de
soul disco de alcoba que le procuró éxito en todo el mundo,
gracias a la gravedad de esa voz
de barítono que parecía salida
de profundidades abisales, y co-
lonizó las listas y las discotecas
de medio mundo al son de unas
composiciones inflamadas de
anhelo sentimental y envueltas

en arreglos suntuosos. Influido por la sensualidad de Marvin Gaye, la for-
nida instrumentación de los discos de Isaac Hayes y el hervor espiritual de
Ray Charles, el gran sultán de la música disco debutó con un estupendo
álbum que apenas anticipaba los derroteros bailables que marcarían su fase
más célebre: «I'm Gonna Love You Just a Little More, Baby» era el agitado
cierre de *I've Got So Much To Give* (1973), un álbum de debut básicamente

formado por elegantes baladas de más de cinco minutos. La tónica se mantiene con un *Stone Gon'* (1973) más conciso, apenas cinco temas de entre
los que sobresalen «Honey, Please, Can't Ya See» y «Never, Never Gonna
Give Ya Up», dos gemas de música disco *avant la lettre*. Justo en ese año crea
la Love Unlimited Orchestra, que serviría de acompañamiento orquestal
a Love Unlimited, el trío vocal femenino que le acompañaría en la mayor
parte de sus discos y a cuyo nombre ya había despachado unos cuantos trabajos notables, integrado por su futura esposa Glodean James, su hermana
Linda James y su prima Diane Taylor, al más puro estilo de las Supremes y
otros tríos femeninos de la Motown. Esta primera etapa de su carrera, justo
antes de que la música disco se propagase como un virus por todo el planeta, se cierra con otro notable trabajo que sigue incrementando su acopio
de clásicos: *Can't Get Enough* (1974), con «You're The First, The Last, My
Everything» y «Can't Get Enough of Your Love, Baby» (excepcionalmente
releída en 1996 por The Afghan Whigs en clave rock) como puntos de an-
claje más evidentes con el torrente disco que está al caer.

Para cuando llega *Let The Music Play* (1976) y el excelso tema titular que
lo abre, White ya se encuentra en la cima del mundo. Al menos en la cima
de la música negra del momento, todo un logro para alguien que no contaba
con pedigrí en ninguna de las mecas del negociado (ni Motown, ni Stax, ni
Atlantic, ni Philadelphia Intl.) ni con grandes padrinos (si por algo destacó
desde muy joven fue por sus delitos de poca monta, incluso pasó una temporada en la cárcel), ni tampoco hacía gala de una remarcada conciencia social
o racial. El géiser de la música disco le eleva a los altares del estilo y le convierte en presencia ineludible en cualquier discoteca que se precie. Su éxito le
permite incluso crear su propio sello discográfico, Unlimited Gold, en 1979,
para dar salida a sus propios discos y a los de Love Unlimited. *The Message is
Love* (1979) fue el primero que dispensó y el único que gozó de una acogida
comercial similar a sus antecedentes. Durante los años ochenta y noventa su
carrera simplemente aprovechó el viento de cola a favor y siguió explotando
la misma receta de siempre, con mínimas variaciones. Ya fuera por auténtica
fidelidad a su música (nuevas bandas como Fun Lovin' Criminals lo reivindicaban) o por ironía posmoderna (en la serie de dibujos animados *South Park*
hay un personaje inspirado en él, aunque con voz de Isaac Hayes), el nombre
de Barry White nunca dejó de sonar. Incluso llegó a sorprender con una suerte
de resurrección creativa que nadie esperaba, aquel *The Icon is Love* (1994) que
no andaba lejos de su mejor versión. En 2003 falleció, a consecuencia de una
insuficiencia renal que arrastraba desde hacia años. Se fue habiendo vendido
más de cien millones de discos en todo el mundo.

Europa
El brillo del eurodisco

«La música disco está hecha para que la gente baile, y la gente siempre va a querer bailar.»

Giorgio Moroder

El periodista Nelson George describió el eurodisco como «música de ritmo metronómico, perfecta para chicos sin sentido del ritmo, inferida de una sensualidad metálica que trataba de emular la alta tecnología, la alta sexualidad y las bajas pasiones de las discotecas que pueblan cada gran ciudad norteamericana». Quizá fuera una visión algo reduccionista, pero certera (al menos, en los albores del género, segunda mitad de los setenta) para describir el fenómeno. Así lo recogía al menos el también periodista Peter Shapiro en su espléndido libro *Turn The Beat Around. The Secret History of Disco* (2005).

La música disco que germinó en la vieja Europa tuvo unas connotaciones específicas, en cualquier caso. Propuso su propia visión del hedonismo y del escapismo de final de la década, y lo hizo –en gran medida– desde los ritmos aparentemente (solo aparentemente) fríos y maquinales que tuvieron su expresión más popular en el italoalemán Giorgio Moroder y su compinche Pete Bellotte, catalizadores de la carrera de Donna Summer, y en la alianza del francés Marc Cerrone con Alec Costadinos.

Necesitada de una lingua franca, un lenguaje sonoro común que hermanase aquellas identidades colectivas que tras la Segunda Guerra Mundial se habían ido diluyendo ante la primacía cultural estadounidense, Europa articuló su propia música disco. Aquel eurodisco cuyo eco aún resonaba en generaciones muy posteriores (el éxito del single «Eurodisco» de los indies escoceses Bis, en 1998). Según Peter Shapiro, el ritmo lo marcaba Alemania, las líneas de bajo las ponía Bélgica, las voces eran cosa de Suecia y la producción quedaba en manos de Francia e Italia.

Ese ingenioso reparto de papeles evidenciaba que había mucho más, al margen de magos del estudio como Moroder o Cerrone: los suntuosos arreglos de cuerda (deudores del sonido Philadelphia) de los germanos Silver Convention, el cruce con la provocación de Serge Gainsbourg, miméticos fenómenos británicos como Hot Chocolate o Carl Douglas, estetas galos como Patrick Juvet o Jean Jacques Perrey, delirantes inventos como Boney M, el disco funk dislocado del austriaco Falco o la genialidad de aquellos cuatro suecos universales que respondían al nombre de ABBA. Y, cómo no, la irresistible efervescencia del italodisco, fértil campo de pruebas para un puñado de extraordinarios productores transalpinos.

Todos ellos sentaron las bases para que, décadas después, músicos franceses como Daft Punk, Justice o Air, y británicos como Hot Chip, The Gossip, Metronomy o Disclosure, asumieran muchas de sus enseñanzas (filtradas ya a través del house, en muchos casos) y prolongasen a su manera la saga de la música disco europea y de sus ramificaciones en el siglo XXI.

ABBA

La leyenda que no cesa
1972 – 1982

La gran factoría sueca de canciones pop, quizá la que mejor ha sabido siempre mimetizar (junto con Japón) con evidente descaro y próspero olfato comercial los logros anglosajones, tuvo en ABBA a sus patriarcas. El cuarteto
integrado por las parejas (ambas acabarían casándose y divorciándose) que
formaban Benny Andersson y Frida Lyngstad por un lado y Agnetha Faltskog y Björn Ulvaeus por el otro, reventó las listas de éxitos durante más de
una década, el tiempo que estuvieron en activo, y ayudaron a perfilar los
contornos de una forma muy europea de filtrar el corpus de la música disco:
el eurodisco. Aunque esa ni fue ni muchísimo menos su única aportación
estilística, ya que cultivaron también un pop de amplio espectro que bebía de
la tradición melódica de los Beatles o Elton John y de las producciones sen-
timentalmente inflamadas que patentó Phil Spector. Con todo, canciones
como «Gimme, Gimme, Gimme (A Man After Midnight)», «Summer
Night City» o esa absoluta maravilla que es «Dancing Queen» son piezas
esenciales de la música disco europea, por mucho que hayan sido explotadas
hasta la náusea en karaokes, en musicales y hasta en nefastas películas.

La estruendosa irrupción del cuarteto en el mercado internacional se produjo con «Waterloo», canción que les procuró el triunfo en Eurovisión 1974, y que también impulsó en las listas de los EE.UU. a su segundo álbum, *Waterloo* (1974). A partir de ahí, la locura: una sucesión de álbumes que acabarían vendiendo más de cincuenta millones de copias (cantidad doblada por sus recopilatorios) , como *ABBA* (1975), *Arrival* (1977), *The Album* (1978), *Voulez-Vous* (1979), *Super Trouper* (1980) o *The Visitors* (1981), y un reguero de hits descomunales encabezado por «Mamma Mia», «The Winner Takes It All», «Take A Chance On Me», «Fernando» o la ya mencionada «Dancing Queen». La zozobra sentimental de ambas parejas condujo al declive de la banda, no sin antes explotar sus diferencias conyugales (al más puro estilo de Fleetwood Mac en *Rumours*) en algunas de las canciones de sus últimos discos.

Se disolvieron a finales de 1982, y aunque tanto Frida Lyngstad como Agnetha Faltskog se embarcaron en sendas y fructíferas carreras en solitario, y Benny Andersson y Björn Ulvaeus se implicaron en tareas de composición para musicales, poco importó: el enorme éxito del cuarteto fue tan acaparador que oscureció todo lo que han hecho en las últimas décadas, hasta el punto de que sus álbumes recopilatorios no han dejado de vender barbaridades y sus canciones nunca han pasado de moda. El dúo británico de synth pop Erasure les dedicó un álbum entero de versiones en 1992 (*ABBA-esque*), en Australia surgieron Björn Again en 1988, una exitosa banda que les ha parodiado con éxito hasta ahora mismo, y tanto las películas *La Boda de Muriel* (P.J. Hogan, 1994) como *Mamma Mia* y sus sucesivas entregas (dirigidas por Phillida Lloyd y Ol Parker en 2008 y 2018) han mantenido su música en el candelero, sin apearse de las preferencias del público masivo. Por algo será.

La Bionda

Pioneros italodisco
1973

El ya veteranísimo dúo siciliano formado por los hermanos Michelangelo La Bionda y Carmelo La Bionda es clave para entender las bases del sonido disco italiano, el italodisco, que eclosionó ya sin cortapisas durante la década de los ochenta. Ya fuera a nombre de La Bionda o como D.D. Sound, el tándem acumuló a finales de los setenta una ristra de éxitos capitales del género: «One For You, One For Me» (1978), «Bandido» (1978), «Disco Roller» (1978), «High Energy» (1979) o «I Wanna Be Your Lover» (1980, nada que ver con el tema homónimo de Prince, un año antes), todas preñadas de un futurismo algo kitsch, son canciones que explican su rol seminal.

También brillaron en los ochenta como productores: «Vamos a la playa» y «No tengo dinero», sendos hits de Righeira en 1983 (también lo fueron en España), llevan su firma a la producción. En 1985 fundaron sus propios estudios en Milán, en los que han llegado a grabar Robert Palmer, Depeche Mode, Laura Pausini, Nek o Rihanna. Han seguido editando material nuevo y diversas recopilaciones prácticamente hasta nuestros días.

Boney M
Producto de laboratorio
1974 – 1986, 1987 – 1989, 1992 – 1994, 1996 – 2010

Boney M plasmaron la imaginación del productor antillano-alemán Frank Farian. Fueron un cuarteto de enorme éxito en Europa durante la segunda mitad de los setenta y los primeros ochenta, una banda formada por músicos del Caribe, que proyectó el omnipresente y alborozado brillo de hits como «Rivers of Babylon», «Ma Baker», «Rasputin» o «Sunny» a las listas de éxitos de todo el continente, a través de estribillos en los que la música disco más desacomplejada se fundía con el reggae y otros sonidos caribeños. En esencia, fue un producto de laboratorio, gestado en el estudio de grabación (no olvidemos que Farian estuvo una década más tarde detrás del éxito de Milli Vanilli, uno de los más sonados fraudes de la historia de la música pop) en torno a la potente imagen del holandés (de origen arubeño) Bobby Farrell, las jamaicanas Liz Mitchell y Marcia Barrett y otra vocalista procedente de las islas Montserrat, Maizie Williams. Un producto de la Europa

postcolonial, aderezado con lustrosos arreglos de cuerda y un puñado de voces rijosas, que sazonó con estribillos joviales y un aspecto ciertamente hortera (todo hay que decirlo) aquel tránsito entre décadas. Frank Farian había comenzado a obtener notoriedad en 1974 con su single «Do You Wanna Bump?», éxito en Holanda y Alemania. Pero necesitaba una banda que pudiera dar la cara por él y vehicular su producto al resto del continente. Tras reclutar a los cuatro componentes de Boney M, y grabar con ellos el álbum *Take The Heat Off Me* (1976), en el que combinaban material propio con versiones de Bob Marley o Bobby Hebb, es una aparición televisiva en una emisora alemana (interpretando «Daddy Cool») la que multiplica su popularidad y la extiende como una mancha de aceite por toda Europa. Los álbumes *Love For Sale* (1977), *Nightflight To Venus* (1978) y *Oceans of Fantasy* (1979) y el reguero de singles que alumbran, gozan de una enorme difusión. Pero cuando llega *Boonoonoonoos* (1980), su sexto álbum, Bobby Farrrell es expulsado de la formación por su anárquica conducta y es suplido por Reggie Tsiboe, y ahí se corta de cuajo la buena estrella comercial de Boney M, quienes ya no levantarán cabeza en ninguno de sus desangelados discos del resto de la década de los ochenta. Frank Farian, quien vive hoy en día en Miami, seguiría produciendo otros proyectos y recaudando derechos de autor de un cancionero que ha revivido hasta hace algo menos de una década en sucesivas reencarnaciones de Boney M. Bobby Farrell, por su parte, fue hallado muerto a consecuencia de un infarto en una habitación de hotel en San Petersburgo en 2010, tras años de idas y venidas del grupo y una sonora controversia judicial con Farian por la utilización del nombre de Boney M en otras giras.

Cerrone

Cuerpo y máquina
1972

El francés Marc Cerrone es uno de los productores más influyentes de la música disco europea desde que en 1976 compusiera «Love In C Minor», uno de los singles definitorios de la efervescencia disco y crisol del eurodisco, dieciséis minutos que por sí solos ya justificarían su presencia en cualquier guía del ramo. Aquella larga suite, regida por suntuosos arreglos de cuerdas y sintetizadores gélidos (ese contraste entre lo tórrido y lo helado, lo humano y lo maquinal, tan característico de los albores del eurodisco), se incluía en el álbum de título homónimo (*Love in C Minor*, 1976), compartiendo minutaje en tan solo media hora con otras dos pistas: una burbujeante versión del «Black is Black» de Los Bravos y la extraordinaria «Midnite Lady», un tema compuesto a medias con Alec R. Costadinos, con quien había compartido hasta entonces su carrera al frente del proyecto Kongas.

A partir de entonces, este percusionista, compositor y productor parisino se erigió en adalid de los nuevos sonidos disco europeos, una posición refrendada por álbumes totémicos como *Supernature* (1977) y *Cerrone's Paradise* (1977), y canciones como las que daban título a esos mismos elepés, en las que competía sin complejos (y sin acritud) con otros magos de la primera música disco europea como Giorgio Moroder. Marc Cerrone ha vendido más de treinta millones de discos en todo el mundo, ha trabajado

con Nile Rodgers (Chic), Jocelyn Brown o La Toya Jackson y numerosos fragmentos de sus canciones han sido sampleados por los Beastie Boys, Bob Sinclair, Run DMC o The Avalanches, entre otros. Al igual que ha ocurrido con Giorgio Moroder o con Nile Rodgers, el galo también ha sucumbido en la última década a la tentación de remozar su sonido distintivo con nuevos álbumes en los que destacaban las colaboraciones de nuevos valores, dignificando su presente pero sin reverdecer (ni mucho menos) los viejos laureles. Es lo que ocurrió con su último álbum hasta la fecha, aquel *Red Lips* (2016) de sonido más bien convencional, en el que destacaban las colaboraciones de Aloe Blacc, Alexis Taylor (Hot Chip), Sam Gray o el veterano Tony Allen.

Daft Punk

Imponente reciclaje
1993

Seguramente no haya nadie más diestro que Thomas Bangalter y Guy-Manuel de Homem-Christo a la hora de servirse de la herencia de la música disco (la norteamericana y la europea) y de su hijo bastardo, el house, para con ellos edificar un discurso rabiosamente contemporáneo, en el que además destacan abundantes colaboraciones de figuras imprescindibles de ese árbol genérico. Este dúo de músicos parisinos, siempre ocultos bajo sus disfraces de robot y sus voces filtradas, lo ha logrado (además) con una encomiable capacidad de regeneración: cuando editaron su endeble tercer álbum, *Human After All* (2005), casi nadie daba un duro por ellos, pero tras la edición de *Random Access Memories* (2013), su imponente continuación, ya nadie pudo discutir su lugar de preeminencia en la electrónica mundial.

Nacieron ya con vocación de clásicos: el formidable *Homework* (1997), gestado en pleno fulgor de esa escena electrónica francesa (el llamado *french touch*) que hervía en la segunda mitad de los noventa al son de los discos de coetáneos como Motorbass, Les Rythmes Digitales o Cassius (todos en cierta medida deudores del legado disco), conseguía actualizar el maquinismo de Kraftwerk y la exuberancia hedonista de la música disco y del house en un puñado de temas tan irresistibles como «Around The World», «Da Funk» o «Revolution 909». Refinaron la fórmula con el también fantástico *Discovery* (2001), más atento al filtrado de la tradición disco neoyorquina, como atestiguan «One More Time», «Digital Love» o «Face To Face». Entre ambos trabajos, Thomas Bangalter había editado, en 1998, el sensacional «Music Sounds Better With You» a nombre de Stardust, el efímero trío que formó con Alan Braxe y Benjamin Diamond.

El fallido *Human After All* (2005) hizo honor a su nombre, demostrando su falibilidad, incrementando sin finura la presencia de las guitarras eléctricas. Pero tras la grabación de la banda sonora de la película *Tron: Legacy* (Joseph Kosinski, 2010) y, sobre todo, con el sorprendente *Random Access Memories* (2013), remontaron el vuelo aprovechando la aportación de leyendas indiscutibles de la música disco como Nile Rodgers, de Chic (tocando la guitarra y compartiendo firma en «Get Lucky») o de Giorgio Moroder (quien contribuye a que la narración de su propia vida se convierta en una obra de arte en «Giorgio By Moroder»). Inteligentísimos y aventajados alumnos de una herencia ejemplar, Daft Punk siguen siendo los más listos de su clase.

Carl Douglas
Éxito marcial
1961

Conocido fundamentalmente por «Kung Fu Fighting», uno de los grandes éxitos de la música disco que emergía con fuerza en 1974, Carl Douglas es uno de los pocos vocalistas negros no norteamericanos que obtuvo cierto éxito en los días de vino y rosas del género. Jamaicano pero afincado en el Reino Unido durante la mayor parte de su carrera, desarrolló una pasión por el soul clásico (Otis Redding y Sam Cooke figuran entre sus máximas influencias) que se plasmó en una serie de singles, y que eclosionó en el sello británico Pye con aquel feliz encuentro con el productor indio Biddu

Appaiah, que fue quien le animó a incluir «Kung Fu Fighting» en la cara B de un single.

Aquel reverso se convertiría finalmente en una cara A, por insistencia del sello, en la que Douglas aprovechó para dar rienda suelta a un texto que aludía a la fiebre de la ficción en torno a las artes marciales: las películas de

Bruce Lee y series como *Kung Fu*, de David Carradine, que entonces hacían furor. Sorprendentemente se convirtió en un éxito a ambos lados del Océano Atlántico, vendiendo más de nueve millones de copias. Pye trató de aprovechar la inercia con la edición del álbum *Kung Fu Fighting and Other Love Songs* (1974), pero los sencillos subsiguientes, como «Dance The Kung Fu» (si algo funciona, ¿para qué cambiarlo?) o «Run Back» solo obtuvieron cierto eco en el Reino Unido. En realidad, el repertorio de Carl Douglas, más forjado en la atemperada calidez del soul que en el júbilo desaforado de la música disco, gozó de argumentos para ser considerado algo más que un *one hit wonder*, el artífice de una canción de onda expansiva tan amplia que hasta Cee Lo Green (Gnarls Barkley) despachó una versión más que apañada, más de tres décadas después, para la película de animación *Kung Fu Panda* (John Stevenson, Mark Osborne, 2008).

Pino D'Angio
Qué idea
1979

Giuseppe Chierchia es el nombre real de este cantante italiano, nacido en Pompeya, que gozó de un enorme éxito en media Europa (España incluida) con «Ma quale idea» («Qué idea» en su versión en castellano), auténtico superhit de 1981, extraído de su primer álbum, *Balla* (1981): uno de los primeros temas recitados a modo de rap en un contexto funk disco europeo, que despachó más de dos millones y medio de copias, incluso en países tan refractarios a los éxitos en italiano como el Reino Unido, en cuyas listas de éxitos no se había visto una incursión transalpina de ese calado desde los tiempos del «Nel Blue Dipinto Di Blu (Volare)» de Domenico Modugno, en 1958. Aquel éxito coincidió también con la época en la que festivales como Viña del Mar o Festivalbar –en los que participó– aún suponían estupendas plataformas de proyección para los músicos europeos.

En esencia, Pino D'Angio ha hecho de todo a lo largo de su carrera: incursiones en el jazz funk (*Dancing in Jazz*, 1989), homenajes a Federico Fellini en forma de monólogos sobre electrónica downtempo (*Lettere a Federico*

Fellini, 2002) y hasta canción melódica en patrones de funk y trip hop de segunda mano (*Notte d'Amore*, 1996). También ha sido actor, presentador y concursante de reality shows. Aunque su aportación de relevancia al italo-disco fue en aquella primera mitad de los ochenta en las que facturó *Balla* (1980) y *Una notte maledetta* (1983) y ejerció de escritor a sueldo para Miguel Bosé o Mina.

Falco
El sonido de Austria
1980 – 1998

¿Hay alguien que tuviera uso de razón en 1985 y no se acuerde de «Rock Me Amadeus»? Aquel fue el gran hit mundial de Johann Hans Hölzel, el músico austriaco conocido como Falco, el único en la historia que ha coronado la lista de singles norteamericana cantando en alemán. Toda una proeza. Vendió más de sesenta millones de discos en todo el mundo, nunca fue profeta en su tierra (una de sus primeras canciones, «Ganz Wien», aludía a algo tan

impopular entonces para la imagen del país como el alto consumo de cocaína en Viena) y falleció en la República Dominicana en 1998 a consecuencia de un accidente de tráfico, precisamente sumido en una espiral de drogas.

Una vida corta pero muy agitada, que bien podría ser carne de biopic, en la que tuvo tiempo de convertirse en referente de la música de baile surgida en Europa, bajo premisas post disco y sujeta a sacudidas funk, con la mencionada «Rock Me Amadeus» (inspirada en el film *Amadeus*, de Milos Forman), la anterior «Der Kommissar» (1981), «Vienna Calling» (1985) o el propio álbum *Falco 3* (1985) como sus más notorios exponentes. Hoy en día, por fin tiene una plaza a su nombre en el centro de Viena.

Serge Gainsbourg
Genio omnívoro
1957 - 1991

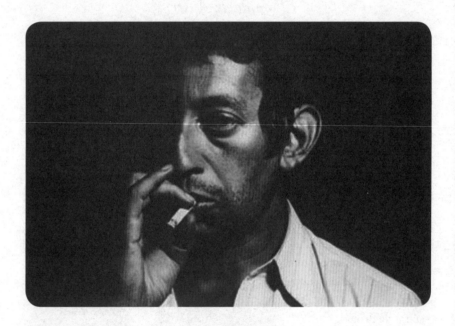

Teniendo en cuenta que le dio a todos los palos, más que extrañarnos ante la presencia de Serge Gainsbourg en este libro deberíamos preguntarnos si hubo algún estilo en el que no se sumergiera: pop, jazz, chanson, mambo, rock, reggae, funk, progresivo y (cómo no) también la música disco se sucedieron a lo largo de sus más de tres décadas de carrera. Nunca le hizo asco alguno a la burbujeante cadencia de los sonidos de la disco music, pero quizá en los trabajos en los que más se apreció esa descarnada pulsión bailable fue en *Love On The Beat* (1984) y *You're Under Arrest* (1987), ambos grabados en Nueva Jersey, producidos por Phillippe Lerichomme y fuertemente influidos por el funk y la música disco crepuscular, con Chic y Grandmaster

Flash & The Furious Five en el horizonte. Ninguno de los dos figura entre lo mejor de su vasta obra, pero ilustran esa confluencia.

Ambos eran la desembocadura lógica de ese componente sensual (y hasta lascivo) que había impregnado muchos pasajes de su música, y que tan inherente resulta a la música disco más desatada: no era de extrañar que su gran éxito «Je T'aime... Moi Non Plus», su escandaloso dueto junto a Jane Birkin de 1968, fuera visto como una influencia determinante para el «Love To Love You Baby» (1975) que tramaron Donna Summer, Giorgio Moroder y Pete Bellotte. O que en la banda sonora de la película *Madame Claude* (1977) se hubiera marcado piezas de disco funk instrumental tan arrebatadoras como «Discophoteque», de título más que revelador. El talento omnívoro del francés daba para eso y para más.

Gazebo
Romanticismo italo
1982

Nacido en Beirut (Líbano), hijo de un diplomático italiano y una cantante norteamericana, Paul Mazzolini –el nombre real que se oculta tras Gazebo– fue una de las figuras más notorias del italodisco de los años ochenta. El romanticismo clasicista y almibarado de «I Like Chopin», su gran hit de 1983 (ocho millones de copias vendidas), es la canción por la que el común de los mortales le recuerdan, si bien «Masterpiece» (1982) o «Lunatic» (1983) no le andaron muy a la zaga.

En todos ellos contó con la producción y la firma compartida de Pier Luigi Giombini, auténtico gurú del sonido italodisco, también responsable de otro de los puntos álgidos del estilo durante aquella época, el «Dolce Vita» (1983) de Ryan Paris, que compuso precisamente junto a Mazzolini. Gazebo fundó su propio sello, Softworks, en 1987, y desde entonces hasta ahora mismo lleva publicando ahí sus discos, sin desmayo.

Patrick Hernández
Éxito fugaz
1977

«Born To Be Alive» fue el gran éxito eurodisco de este músico francés, de padre español y madre italo-austriaca, que además contó en aquella gira dentro de su cuerpo de baile con alguien que acabaría convirtiéndose en una absoluta celebridad, también con apartado individualizado en este libro: nada menos que con una jovencísima Madonna. Aquel éxito de 1979, perteneciente al álbum del mismo título (*Born To Be Alive*, 1979), triunfó en las listas no solo europeas sino también norteamericanas (llegó al número 17 del Billboard) y marcó toda su carrera como intérprete, compositor, productor y hasta actor. Una carrera que había comenzado como integrante del trío Paris Palace Hotel a mediados de los setenta, en pleno fulgor glam rock, y que supo luego aprovecharse del sarpullido disco de la mano del producor Jean Vanloo. Patrick Hernández editaría luego un par de álbumes más, *Crazy Day's Mistery Nights* (1980) y *Good Bye* (1981), pero ninguno de ellos volvió a gozar de la misma relevancia.

Hot Chocolate
Más que algo sexy
1968 – 1986, 1992

En el caso de los británicos Hot Chocolate sí que puede decirse aquello de que el árbol con frecuencia ha impedido ver el bosque, porque el gran éxito de su sencillo «You Sexy Thing» ha sido prácticamente la única canción que ha trascendido internacionalmente más allá de los acólitos del género, de entre un temario disco soul que acumula al menos tres álbumes notables, que por sonido e intenciones no tienen demasiado que envidiar a los gestados un poco antes por los adalides del sonido Philadelphia: *Hot Chocolate* (1975), *Man To Man* (1976) y *Every 1's a Winner* (1978). La gran mayoría de sus canciones solo obtuvieron repercusión en el Reino Unido, en donde encadenaron una serie de hits durante la década de los setenta.

Primero de la mano del experimentado productor Mickie Most, con canciones como «Brother Louie», «Love Is Life» o «I Believe (In Love)». Más tarde con la celebérrima «You Sexy Thing» (resucitada dos décadas después gracias al éxito de la película *Full Monty*, de 1997) y «So You Win Again». El quinteto, liderado por el vocalista Errol Brown desde sus inicios, se separó en 1986, pero desde 1992 la marca Hot Chocolate volvió a resurgir con algunos otros supervivientes de su formación y otros miembros recién incorporados, en giras con las que han exprimido hasta la última gota del rédito acumulado durante sus dorados años setenta.

Justice
En la retaguardia
2003

El segundo single de este dúo francés, que fue el que les dio a conocer en toda Europa y más allá, fue una indisimulada oda a la jubilosa música que tanto Michael Jackson como los Jackson 5 pulieron a lo largo de los años setenta: «D.A.N.C.E.», con sampleos y textos que forman una evocadora añoranza contemporánea de aquel fulgor de la tardía Motown, les puso en el mapa, pero en aquel álbum de debut de 2007, simplemente marcado por una gran cruz cris-

tiana en su portada, había más muestras de reciclaje disco en temas como «Newjack», «Phantom Pt. II» o «The Party».

La mala suerte de Gaspard Augé y Xavier de Rosnay, los dos integrantes de Justice, es que siempre les perseguirán las inevitables comparaciones con sus paisanos Daft Punk, aunque ellos sean más propensos a una irreverencia estilística que a veces les emparenta con los británicos Basement Jaxx, Simian Mobile Disco y otros proyectos que trituran la herencia disco a su antojo. Y que posiblemente nunca vuelvan a facturar un álbum tan efectivo como aquel debut, pese a que han mantenido una línea muy consistente en sus siguientes cuatro álbumes y han perfeccionado el molde de dúo electrónico francés en el que se han mirado alumnos aventajados como los emergentes The Blaze.

Patrick Juvet

Adonis del french disco
1971

El suizo Patrick Juvet fue uno de los grandes hacedores de éxitos de la música disco que triunfaba en Francia –y algo más allá– en la segunda mitad de los setenta. Este modelo y cantante representó a Suiza en Eurovision 1973 con la canción «Je vais me marier, Marie», pero la decimosegunda plaza que cosechó quedaría en pañales ante la repercusión que sí obtuvo, de la mano de Jean Michel Jarre, con el álbum *Paris By Night* (1977) y la canción «Où Sont Les Femmes?», que incluso gozó un poco después de una versión en inglés («Where Is My Woman?») de cara al mercado norteamericano.

Su alianza con Jacques Morali y Henri Belolo, los productores de Village People (entre otros), procuró proyección internacional a otros lustrosos pelotazos de música disco sin complejos como «Got a Feeling» o «I Love America», en 1978, y al álbum *Lady Night* (1979). El cambio de década y el declive del género tal y como lo conocíamos provocó que cayera en el ostracismo durante los ochenta, avivado por periodos de depresión y alcoholismo, hasta que Françoise Hardy, Luc Plamondon y Marc Lavoine rehabilitaron su perfil creativo ayudándole a componer el más que digno *Solitudes* (1991).

Klein + MBO

La conexión norteamericana del italodisco

1982 – 1986

El italiano Mario Boncaldo y el estadounidense Tony Carrasco, junto a la voz de la cantante de jazz –también italiana– Rossana Cassale, integraron desde Milán una de las formaciones pioneras del italodisco a principios de los años ochenta. Hagan el favor (si tienen la oportunidad) de escuchar su único álbum propiamente disco, *First* (1982), y se darán cuenta de lo adelantados que sonaban para su tiempo. De hecho, su canción más conocida, la fascinante «Dirty Talk» (1982), se convirtió en un éxito *underground* en discotecas yanquis como el Paradise Garage o entre la incipiente comunidad house de los más aventurados clubs de Chicago (como The Music Box), dando pie a que muchos lo consideren como la primera canción de música house de la historia. Paradójicamente, gestada lejos de su cuna.

Mucho tuvo que ver la utilización de una línea de bajo idéntica a la que proveía el sintetizador Roland TR-808, y que le confería su característica sonoridad, domésticamente sintética y también (por qué no) deliciosamente irresistible. Así como asumir la herencia de Moroder e incluso los nuevos aires del synth pop británico: hubo retroalimentación, porque los New Order de *Power, Corruption & Lies* (1983) y del rutilante single «Blue Monday» (1983) reconocieron la influencia de aquella «Dirty Talk». La canción se convirtió en un favorito de culto, como prueba la versión –entre otras– que Miss Kittin and The Hacker hicieron de ella en 1998 y la reivindicación que de ella hicieron los noruegos Röyksopp y los británicos Pet Shop Boys en las series de discos *Back To Mine*.

Pet Shop Boys
Geniales recicladores
1981

Pocos como Neil Tennant y Chris Lowe han logrado volcar en sus canciones tantas de las mejores enseñanzas de la música disco, así como de derivaciones como el italo house o el acid house, siempre haciendo aflorar a la superficie fenómenos que permanecían en el *underground*. Junto con Madonna, puede decirse que los Pet Shop Boys han sido quizá los más diestros en esa lid, dando a conocer al gran público modas fraguadas en el subsuelo. Uno de sus primeros trabajos de impacto fue precisamente un álbum de versiones maxi single gestado para las pistas de baile: *Disco* (1986), en el que junto a éxitos del calibre de «Suburbia» o «West End Girls», figuraba aquel guiño al italo disco que fue «Paninaro».

Repitieron la jugada un par de años después con *Introspective* (1988), en el que brillaban con luz propia dos temas marcadamente influenciados por el sonido house: «Domino Dancing» (con esos teclados latin house) e «It's Alright», certera versión del gran clásico de Sterling Void. La década de los noventa alumbró otra buena ristra de odas a la cultura disco, como los singles «Was It Worth It?» (1990), «DJ Culture» (1993), su versión del «Go West» de Village People (1993) y «New York City Boy» (1999), este último un guiño obvio al sonido disco de la Gran Manzana. Ya en el nuevo siglo, retomaron con el sensacional *Electric* (2013), su mejor disco en muchísimos años, su costumbre de perfilar álbumes enteramente pensados para ser consumidos en la pista de baile y a todo volumen.

Lio
Candidez y melodías pegajosas
1979

Vanda Maria Ribeiro Furtado Tavares de Vasconcelos, kilométrico nombre que en términos artísticos se acorta hasta solo las tres letras de Lio, es una actriz y cantante belga (de origen portugués) que gozó de éxito europeo durante la primera mitad de los ochenta con canciones tan célebres como «Amoreux Solitaires», «Banana Split» o «Comix Discomix», en las que el encanto casi adolescente de su cándida dicción francófona se entrelazaba con la música disco más pizpireta, al modo en el que Serge Gainsbourg, Blondie o sus paisanos Telex (por mencionar solo tres nombres) tejían sus nexos con aquel legado, en tiempos de la new wave.

Las tres canciones que hemos seleccionado proceden de su álbum de debut, *Premier Album* (1980), y aunque el ingrediente disco fue –lógicamente– mermando en sus siguientes entregas, apenas nada de lo que ofertaban *Suite Sixtine* (1982), *Amour Toujours* (1983) y *Pop Model* (1986) tiene desperdicio. Trabajó con los propios Telex, con Sparks o con John Cale y gozó de difusión al otro lado del charco gracias al sello Ze Records. Ningún repaso al eurodisco debería pasar por alto sus trabajos.

Giorgio Moroder
Rey Midas del sonido disco europeo
1963 – 1993, 2012

Nacido en el Tirol italiano en 1940, muy cerca de la frontera con Austria, el italiano Giorgio Moroder es sin lugar a dudas el factótum de todo un sonido y una época, el epítome máximo del sonido disco entendido a la europea. Prácticamente el inventor del eurodisco en su veta más popular, la que se extendió a todos los rincones del globo a través también de la reinvención de Donna Summer como diva al frente de temas como «Love To Love You Baby» o «I Feel Love», a los que dio forma junto a su compinche Pete Bellotte. Productor, arreglista, compositor e intérprete, no tuvo reparo alguno en dejarse empapar por los ritmos robóticos, casi marciales, de la electrónica europea y otorgarles una pátina de sensualidad –en ocasiones lubricidad– que creaba un contraste irresistible, sobreviviendo así al declive de la era disco, anticipando estilos como el Hi-NRG y convirtiéndose en un icono y referente absoluto para casi toda la electrónica europea desde mediados de los noventa (desde el sonido de Berlín al french touch de Daft Punk o Cassius) y para prácticamente todos los músicos que se adscribieron al electroclash de la primera mitad de la década de los 2000. Ha trabajado escribiendo y produciendo canciones para Irene Cara, Kylie Minogue, David Bowie, Janet Jackson, Blondie o Japan. La influencia del sonido que patentó es incalculable. Sus cuatro premios Grammy y sus tres Oscars de Hollywood por sendas bandas sonoras son muestra del reconocimiento de la industria a su vasta trayectoria, labrada a través de producciones y composiciones que afinan el estereotipo que siempre se le ha adjudicado a la mejor música disco: esa fina línea que separa lo hortera de lo sublime.

Su primer gran éxito fue el sencillo «Looky Looky» en 1969, popular incluso en España. Lo grabó en Musicland, su propio estudio de Múnich, ciudad que será su centro de operaciones entre 1970 y 1990. Para entonces llevaba ya desde su adolescencia embarcado en bandas, ejerciendo como músico políglota que se manejaba en italiano, alemán, inglés y castellano. El año en el que rompería cualquier previsión –por optimista que hubiera podido ser– fue 1977, cuando coescribe y produce el seminal «I Feel Love» de Donna Summer, absolutamente rompedor para su época, y edita el álbum *From Here To Eternity* (1977), un festín de electrónica bailable *non stop* en el que los sintetizadores y la voces filtradas a través del vocoder toman el man-

do, dando lugar a un artefacto sonoro avanzado a su tiempo, que se permite incluso jugar en la misma liga que Kraftwerk. En su contraportada lucía la leyenda «en este disco solo se usaron teclados electrónicos», toda una declaración de intenciones. Sería reverenciado por una generación entera de músicos, que lo situarían en su altar particular, desde The Human League a Pet Shop Boys. Aquel «I Feel Love», erótico y maquinal, había sido el segundo de una serie de imbatibles *singles* que escribiría junto al letrista Pete Bellotte para la época de esplendor de Donna Summer: antes llegó «Love To Love You Baby» (1975) y luego llegarían «Last Dance» (1978), «McArthur Park» (1978), «Hot Stuff» (1979), «Bad Girls» (1979) y «On The Radio» (1979). Un año después compone la banda sonora de la película *El Expreso de Medianoche* (Alan Parker, 1978), del que sobresalen los ocho minutos largos de su hipnótico tema de apertura. Y es que en el terreno de los *soundtracks*, una de sus especialidades, logró facturar parte de los premiados correlatos sonoros de filmes como *El beso de la pantera* (1982), *Flashdance* (1983), *La historia interminable* (1984) o *Top Gun* (1986). Tanto «Flashdance... what a feeling» como «Never Ending Story» o «Take My Breath Away», exitazos en las listas de ventas de medio mundo, son idea suya. El álbum *E=MC2* (1979), compuesto a medias con Harold Faltermeyer –todo un despliegue de tecnología digital– y su colaboración con Phil Oakey de The Human League en *Philip Oakey & Giorgio Moroder* (1984) redondean esta etapa, la de mayor actividad y repercusión en toda su carrera.

A partir de mediados de los noventa apenas se dejó ver. Se dedicó a vivir de los pingües beneficios que su trayectoria le había generado, y no fue hasta

2013 cuando emergió de nuevo a la luz pública para recitar prácticamente un resumen de su propia vida en «Giorgio By Moroder», uno de los temas del celebrado *Random Access Memories* (2013) de los galos Daft Punk. Para entonces ya era, por mor de los vaivenes cíclicos a los que la cultura pop se ve sometida, más que una figura de culto para varias generaciones que reivindicaban su legado: DJ Shadow, Rick Ross, J.Dilla o Outkast se cuentan entre los muchos músicos que se sirvieron de samples de canciones suyas en los últimos veinte años. Y la colaboración con Daft Punk espoleó su vuelta a la actividad, con un irregular nuevo disco a su nombre (*Déja-Vù*, 2015), en el que lucía colaboraciones de Britney Spears, Kelis, Kylie Minogue o Charlie XCX, y con una renovada presencia como disc jockey patriarcal en grandes citas.

Jean Jacques Perrey
Futurismo avant la lettre
1953 – 1983, 1996 – 2016

Pionero de la electrónica francesa y de algún modo precursor del sonido eurodisco que barrería el continente de arriba a abajo, Jean Jacques Perrey ideó un colorista imaginario sonoro desde finales de los años sesenta gracias a su destreza en el uso del sintetizador Moog y del ondioline, instrumentos de los que fue uno de sus mejores embajadores, junto a su compinche Gershon

Kingsley, con quien grabó excepcionales discos en la neoyorquina Vanguard Records.

Rescatar álbumes suyos como el referencial *Moog Indigo* (1970) es la mejor forma de explicarse por qué colaboró con sus paisanos Air casi tres décadas más tarde en el *Moon Safari* (1998) con el que estos descorchaban su discografía: ambos participaban del mismo concepto de la música pop, esteticista, sereno, espacial y frondosamente instrumental. Con más de setenta años de edad, colaboró también con Luke Vibert o Gotye (músicos que podrían ser sus nietos) en los dos mil, mostrando la inagotable inquietud de un adelantado a su tiempo que modeló las texturas (que no los ritmos) de gran parte de la música disco europea, y que mantuvo el radar creativo bien despierto hasta su muerte, en 2016.

Silver Convention
Precisión germana
1974 – 1979

Como tantos otros proyectos precursores de la música disco europea, Silver Convention fueron el pasatiempo diseñado por dos productores. Dos tahúres del estudio de grabación como eran Sylvester Levay y Michael Kunze, desde su base de operaciones en Múnich (desde donde también el tándem Moroder/ Bellotte imponía su ley), a mediados de los setenta. Su popularidad se debe, esencialmente, a dos grandes singles de impacto internacional,  mecidos por precisos arreglos de cuerda (deudores del Philly Sound) y la aportación de tres vocalistas femeninas (Penny McLean, Rhonda Heath y Ramona Wolf) que eran quienes daban la cara desde su cubierta: «Fly Robin

Fly» (1975) y «Get Up and Boogie» (1976) fueron sus dos puntales, ambos con proyección comercial al otro lado del océano.

Los álbumes en los que se enmarcaban, *Save Me* (1975) y *Silver Convention* (1976), no eran tampoco obras maestras, pero brindaban suficiente consistencia (pese a cierto regusto kitsch) como para argumentar que la valía del proyecto iba más allá de esos dos chispazos de genio. En 1977 representaron a Alemania en el festival de Eurovisión, con un discreto octavo puesto. Ese fue el preludio a su ocaso. Desde su disolución, tanto Sylvester Levay como Michael Kunze se han ganado muy bien la vida componiendo para bandas sonoras de películas de éxito, algo que en realidad no dista tanto del cariz cinemático que siempre tuvieron las canciones de Silver Convention.

Righeira
Verano sin fin
1980 – 1992, 1999 – 2016

Stefano Rota y Stefano Righi, dos jóvenes músicos de Turín, se convirtieron en la enseña más popular del italo disco que durante los veranos de principios de los ochenta copaban

las listas de éxitos, las radiofórmulas y las verbenas de media Europa, incluida –por supuesto– España, en donde «No tengo dinero» y «Vamos a la playa» (ambas así, en castellano) se convirtieron durante 1983 en canciones de las que nadie podía escapar, a menos que se hubiera recluido en un antiguo refugio de la Guerra Civil o se hubiera echado al monte para no volver. Música disco desprejuiciada y facilona (para qué engañarse), perfecta para convertir sus píldoras en canciones del verano.

En su caso, no se pudo decir aquello de que no hay dos sin tres, ya que ni «Tanzen Mit Righeira» (1984) ni «L'estate sta finendo (Summer is Ending)» (1985), sus dos siguientes acometidas serias a los charts, tuvieron ningún eco lejos de su país. La segunda de ellas, por algún indescifrable vericueto del destino, se convirtió en «Allez, Allez, Allez» a manos de los hinchas acérrimos del Liverpool FC.

Telex
Sabotaje eurodisco
1978 – 2006

Telex fue un trío belga de synth pop, formado en 1978 en Bruselas por Marc Moulin, Dan Lacksman y Michel Moers, cuya declaración fundacional era enhebrar un relato musical netamente europeo, algo que consiguieron a base de asumir las enseñanzas de los germanos Kraftwerk y proyectarlas en sus coqueteos con Eurovisión, en cuya edición de 1980 participaron representando a su país. Lo hicieron pertrechados por ritmos electrónicos firmes pero parsimoniosos, en sintonía con el primer eurodisco.

Acabaron antepenúltimos en aquella edición, una experiencia que somatizaron con guasa en el álbum *Neurovision* (1980), editado después de un efervescente debut largo como fue *Looking for Saint Tropez* (1979), alentador de «Moskow diskow», su mejor y más conocido tema, junto con «Eurovision». Desde entonces su carrera se fue diluyendo, aún dejando por el camino trabajos estimables como *Sex* (1981), que contó con los hermanos Mael (Sparks) como letristas o el tardío *How do you dance?* (2006), promocionado con una etiqueta que reivindicaba su influencia sobre Daft Punk, Jeff Mills o Moby, aunque apenas contaba temas de propia autoría. Fue su canto del cisne, porque un par de años después fallecía Marc Moulin y los otros dos miembros restantes anunciaban su retiro definitivo del mundo de la música.

Evelyn Thomas
Alto voltaje
1976

Aunque nacida en Chicago (Illinois), la vocalista Evelyn Thomas debe prácticamente toda su fama a su alianza con el productor británico Ian Levine, un taimado programador y DJ que solía tramar sesiones de northern soul en las discotecas del circuito del norte de Inglaterra como el Mecca de Blackpool, a principios de los setenta (una década más tarde lo haría en el Heaven londinense) y que fue quien la introdujo al mercado de su país gracias a una composición seminal que serviría para bautizar un estilo de música: la emblemática «High Energy» (1984), de la que se derivaría el maquinal Hi-NRG, estilo marcado por acentuadas y aeróbicas escaladas rítmicas que influiría en la música posterior de Bronski Beat, Jody Watley, Taylor  Dayne, Dead or Alive, Bananarama y casi todo lo que producirían Stock, Aitken & Waterman en la recta final de los ochenta, y que puede ser visto como precursor del eurobeat e incluso de la EBM (Electronic Body Music) belga de los años noventa. «High Energy», extraída de su homónimo tercer álbum, fue un éxito en toda Europa, pero no en los EE.UU., en donde el nombre de Evelyn Thomas apenas trascendió.

Como tantas vocalistas de su generación, Thomas se había fogueado en el góspel mientras residía en su país, y su inmersión en territorio disco se plasmaría ya con un *I Wanna Make It On My Own* (1978), publicado en el sello californiano Casablanca, que fue acogido con tibieza. Todo cambiaría tras su mudanza al Reino Unido y gracias al éxito de «High Energy», el principal motivo para que en las últimas décadas se hayan sucedido las recopilaciones y actuaciones en vivo, siempre con la presencia de una canción de la que ella misma (como Gloria Gaynor y su «I Will Survive», aunque a menor escala) es rehén con sumo gusto.

Umberto Tozzi
Gloria en la pista de baile
1969

El gran éxito de «Gloria» en 1979 fue la incursión más celebrada de este cantante melódico italiano, presencia habitual durante años en el Festival de San Remo e incluso años más tarde en Eurovisión, representando a su país. La onda expansiva de la canción tuvo varias réplicas en el tiempo: la exitosa versión en inglés que la norteamericana Laura Branigan editó en 1982, con una producción más rockera y contundente, su presencia en la banda sonora de la película *Flashdance* (Adrian Lyne,1983), que la encumbró aún más en el mercado norteamericano, e incluso la utilización de su patrón rítmico por los Pulp de Jarvis Cocker para tramar su «Disco 2000», (1995), uno de los grandes hits del indie británico de los noventa. Hasta el grupo infantil español Parchís contribuyó a popularizarla con su versión en Latinoamérica, en 1980.

La canción, con letra de su fiel secuaz Giancarlo Bigazzi y arreglos de cuerda a cargo de la Orquesta Filármonica de Mónaco, bajo directrices del norteamericano Greg Mathieson, se inscribía en un álbum homónimo (*Gloria*, 1979), en el que, junto a las consabidas baladas marca de la casa, apenas sobresalían un par de invitaciones más a dejarse llevar hasta la pista de baile: «Alleluja Se» y «Notte Chiara». De cualquier modo, el vocalista turinés, curtido en el rock pero especializado luego en la canción romántica, obtendría más éxito con composiciones como «Te amo», que sentarían el canon que ha estado explotando durante su larguísima carrera.

España
Del ansia de libertad al kitsch

> «Sin la música disco no podríamos entender ni el italo ni mucha de la música techno de hoy en día.»
> *Lalo López, de Fundación Tony Manero*

Como comentaba el periodista Luis Lapuente en su espléndido libro *Historia de la música disco* (2017), el género en España «coincidió con la imparable demanda de libertad, la inevitable relajación de las costumbres, la formidable explosión de erotismo en el cine y en la música y la asunción de los parámetros estéticos del género tanto por los músicos del pop melódico, de la movida, de los nuevos románticos e incluso de la escena rumbera y gitana».

No le falta en absoluto razón: el fenómeno gozó en España de ese factor diferencial, que hizo que la música disco fuera acogida con desenvoltura y una rozagante ausencia de prejuicios (también de pretensiones) gracias a que el ansia de liberación que llevaba ya de por sí implícita esa música se vio realzado por la necesidad de marcar distancias con los casi cuarenta años de gris dictadura que habían alejado al país de los estándares culturales de los estados de su entorno europeo.

La música disco fue en España un saludable soplo de aire fresco, y la enorme diversidad en el bagaje de quienes la frecuentaron es la prueba de su contagio transversal. Si tuviéramos que empezar a principios de los setenta con el tórrido mestizaje disco funk de Barrabás y llegar hasta nuestros días con la inteligente revisión de motivos disco de la Fundación Tony Manero, lo que tenemos entre medias son cuatro décadas durante las cuales algunos epítomes del pop más colorista (Alaska y Dinarama, Carlos Berlanga), ídolos adolescentes (Iván, Pedro Marín, el primer Miguel Bosé), talentos heterodoxos (Tino Casal), adalides del tecno pop (Azul y Negro), grandes compositores (Juan Carlos Calderón, Alfonso Santisteban), rumberos de pro (Peret, Rumba Tres) e incluso símbolos sexuales de la transición (Susana Estrada) no tuvieron complejo alguno en zambullirse en la música disco.

Azul y negro
Infalible dualidad
1981 – 1993, 1998

Carlos García-Vaso y Joaquín Montoya, dos músicos cartageneros afincados en Madrid, protagonizaron durante la primera mitad de los ochenta una de las singladuras más exitosas de aquel tecno pop patrio que se fijaba en los hallazgos –sí– de Jean Michel Jarre o Vangelis, pero también de emblemas de la música disco más influyente como Giorgio Moroder o del impulso maquinal de Kraftwerk. De hecho, incluso se adelantaron a los germanos en el aprovechamiento de una gran ronda ciclista para proyectar su música: «Me estoy volviendo loco» fue la canción de la Vuelta Ciclista a España de 1982, la que les catapultó a la fama, al igual que harían Kraftwerk en 1983 cuando se inspiraron en la gran carrera francesa para componer «Tour de France» (1983). Su single «The Night» (1982) gozó de cierto

éxito en Italia, lo que dio pie al equívoco de que algunos les metieran en el saco del italo disco, al que en rigor no podían adscribirse.

Sintetizadores gélidos, secuenciadores, voces filtradas a través de vocoders y estribillos sencillos pero infalibles (como los de «No tengo tiempo/Con los dedos de una mano» o «La Torre de Madrid») acreditan la pericia del dúo, que contó con la colaboración de Tino Casal en el diseño de la portada de su primer álbum, *La edad de los colores*, de 1981 (García-Vaso había tocado la guitarra en varios trabajos de Casal, así como en el debut de Mecano). Azul y Negro, que fueron la primera banda española en publicar en formato CD, en 1984, se separaron en 1993, pero Carlos García-Vaso retomó por su cuenta el pulso del proyecto en 1998, editando una secuencia de discos que llega, con bastante sigilo mediático, hasta nuestros días.

Alaska y los Pegamoides /
Alaska y Dinarama / Fangoria
Bailando
1979 – 1982 / 1982 – 1989 / 1989

Vestían como un trasunto cañí del punk gótico cuya onda expansiva llegaba desde las Islas Británicas, pero Alaska y los Pegamoides demostraron que se podía combinar una imagen siniestra con una sanísima y desprejuiciada apertura de miras. Así fue como triunfaron sin reservas en el verano de 1982: «Bailando», un irresistible aldabonazo de pop bailable, con henchida sección de vientos, que fagocitaba el sentido del ritmo del «Cuba» de los Gibson Brothers y del «I Want Your Love» de Chic, se convirtió en el gran hit de aquel año, y en la mejor puerta de entrada a su único álbum, el descarado e irónico (fíjense en el título) *Grandes éxitos* (1982).

La formación integrada, entre otros, por Olvido Gara (Alaska), Nacho Canut, Carlos Berlanga, Eduardo Benavente y Ana Curra se disolvió más tarde para primar sus dos proyectos paralelos, Parálisis Permanente (con los dos últimos) y Alaska y Dinarama, en donde el talento compositivo de Canut y – sobre todo – de Berlanga se destapa con un puñado de canciones sensacionales, algunas de ellas muy influidas por la música disco, sus ritmos lujuriosos y sus frondosas orquestaciones: «A quién le importa», «¿Cómo pudiste hacerme esto a mí?», «Ni tú ni nadie», «Un hombre de verdad», «Nacida para perder», «Alto, prohibido pasar», «Isis», «Víctima de un error», «Perlas ensangrentadas»... la retahíla es de órdago, todos pertenecientes a álbumes como *Canciones profanas* (1983), *Deseo carnal* (1984) y *No es pecado* (1986).

Prestos a no dejarse sepultar por las modas, Alaska y Dinarama editan un último álbum con clara influencia del house, *Fan Fatal* (1989), que alfombra en cierto modo el interés por la electrónica que fijarían Alaska y Canut ya como Fangoria, en una carrera que se inicia a principios de los noventa y se prolonga hasta nuestros días, con su particular cima en el sobresaliente *Una temporada en el infierno* (1999) y el notable *Naturaleza muerta* (2001). Carlos Berlanga, por su parte, trazó una carrera en solitario en la que los efluvios disco se mezclaban con la bossa nova, el lounge, y el pop electrónico, con muestras tan notables como *Indicios* (1994) o *Impermeable* (2001).

Baccara

Disco cañí
1977

Las bailarinas Mayte Mateos y María Mendiola, que se conocieron cuando formaban parte del ballet de TVE a finales de los años setenta, se convirtieron –como Baccara– en uno de los fenómenos comerciales más reseñables y exportables de la música disco española, a través de una serie de éxitos como «Yes Sir, I Can Boogie» (1977), «Sorry, I'm a Lady» (1977) o «Parlez-Vous Français?» (1978). Esta última fue la canción con la que representaron a Luxemburgo (como lo leen) en el festival de Eurovisión de 1978, en el que obtuvieron un séptimo lugar cantando en un francés algo macarrónico (también lo era su inglés). Su «Yes Sir, I Can Boogie», que vendió la escandalera de quince millones de copias en todo el mundo, les procuró éxito en países como Alemania, Reino Unido (número uno británico, una hazaña entonces para cualquier músico español), Francia, Rusia e incluso Japón. Fue el tándem alemán formado por el productor y compositor Rolf Soja y el letrista Frank Dostal el que obró el milagro, hallando en ellas una socorrida réplica al sonido y la estética de Boney M o Silver Convention.

En 1981, y tras importantes desavenencias entre Mayte Mateos y María Mendiola, Baccara se separan, pero ninguna de las dos cede en su pretensión de utilizar el nombre de Baccara. Mateos lo hace en un principio en compañía de Marisa Pérez, a quien sucederían más de trece vocalistas. Mendiola sí contó con Marisa Pérez durante los siguientes 25 años, aunque hasta 1990 lo hicieran bajo el nombre de New Baccara. Sus divertidas canciones de cañí han seguido gozando de predicamento en muchas de las celebraciones de parte de la comunidad gay, celebradas como himnos festivos.

Barrabás
Mestizaje internacional
1971

Barrabás fue el proyecto mestizo (musicalmente) que Fernando Arbex montó tras la disolución de Los Brincos y de los efímeros Alacrán, en 1971. Para entonces ya acumulaba una contrastada solvencia como productor. Y pretendía con ello fundir el rock y el pop con las percusiones latinas y el funk, a la manera en que Santana, Osibisa o los War de Eric Burdon lo habían logrado en el ámbito anglosajón. Se juntó para ello con los hermanos Ricky y Miguel Morales a las guitarras, el vocalista Iñaki Egaña, el teclista portugués Joao Vidal y el percusionista de origen puertorriqueño Tito Puente. El primer fruto discográfico es el fantástico *Wild Safari* (1972), con los sencillos «Wild Safari» y «Woman» convertidos en éxitos internacionales, singles de relevancia en Canadá y en los EE.UU., con su mezcla de funk y rock negro funcionando a pleno rendimiento en una propuesta inusualmente madura por estos lares. De hecho, se les propuso trasladarse a vivir a Norteamérica, a lo que se resistieron.

La música disco iría poco a poco permeando en su música, como prueba el éxito del single «Hi-Jack», extraído del álbum *Soltad a Barrabás* (1974), y de los maxi singles «Mellow Blow», del largo *Heart of the City* (1975) y «Desperately», del elepé *Watch Out* (1976). Tras unos cuantos cambios en la formación, Barrabás se disolverieron en 1977 para volver a emerger en 1981 con nómina renovada, en una serie de estilosos trabajos (*Bestial*, de 1981, o *Forbidden*, de 1982) que lidiaban con ciertas influencias de la música disco desde un prisma más depurado y convencional. En las últimas décadas han vuelto a la actualidad discográfica con un buen puñado de recopilaciones y reediciones de sus mejores obras.

Miguel Bosé
Disco pop a la italiana
1975

Hace muchos años que Miguel Bosé llena plazas de toros con aparente facilidad, convertido en una estrella intergeneracional cuya suerte comercial no se apaga, por muchos años que pasen. Y aunque han pasado ya al menos tres décadas desde que decidiera sofisticar su argumentario y escapar del aura de figura para adolescentes con la que irrumpió, es pertinente hablar de él por cuanto la música disco en su versión más ligera –e italiana: ha trabajado frecuentemente con productores transalpinos– supuso una influencia capital en aquellos años, finales de los setenta y principios de los ochenta, en los que su popularidad llegó para quedarse. Hijo del torero Luis Miguel Dominguín y de la actriz Lucía Bosé, Miguel Bosé debutó en 1977 de la mano de CBS con el sencillo «Linda», que era una versión de los italianos I Pooh.

Su tercer álbum, *¡Chicas!* (1979), ya le acredita como estrella juvenil en clave disco pop, con canciones bailables como «Super, Superman» o «Vota Juan 26» conviviendo con baladas como «Creo en ti» o «Si... piensa en mí», en las que su entente con los compositores Danilo Vaona (quien había trabajado con Raffaella Carrà o Daniela Romo) y Gian Pietro Felisatti funciona a pleno rendimiento. La alianza continúa en trabajos tan exitosos como *Más allá* (1981), con temas como «Metropolis» o «Can't Stay The Night» luciendo sintonía post disco. En cualquier caso, es con *Bandido* (1984) cuando explota definitivamente como artista maduro y desligado de connotaciones juveniles, en una carrera constante hasta nuestros días, durante la que ha tenido tiempo de acercarse de nuevo a texturas electrónicas en trabajos como *Velvetina* (2005).

Juan Carlos Calderón
Disco con sello propio
1968 – 2012

Resumir la enorme y versátil carrera del compositor, arreglista y productor cántabro Juan Carlos Calderón en unas pocas líneas es tarea estéril, por lo que aquí nos ceñiremos a lo que su relación con la música disco concierne, ya que entre sus intereses también estuvieron siempre el jazz en todas y cada una de sus fusiones, el pop, la canción de autor y hasta el flamenco, en una carrera durante la que trabajó con Nino Bravo, Joan Manuel Serrat, Cecilia, Luis Eduardo Aute, Camilo Sesto y muchísimos otros. El álbum que justificaría por sí solo la inclusión de Calderón en este libro se llama, precisamente, *Disco* (1979), uno de los pocos que firmó en solitario: un extraordinario trabajo de disco funk desbordante de sensualidad, mayoritariamente instrumental, que permanece como una de las grandes joyas

semiocultas del género en España, con canciones como las fabulosas «Mr Pianoforte», «Assassination» o «Latin Lover». A diferencia de otros productos disco hispanos de la época, *Disco* apenas tiene nada que envidiar –ni en la producción ni en lo compositivo– a los referentes norteamericanos de los que se nutría, y se alinea con justicia entre lo más granado de un estilo que su correligionario Alfonso Santisteban también acabaría cultivando de forma puntual.

Raffaella Carrà
Memoria del eurodisco
1970

Cualquiera que haya vivido los años setenta y la primera mitad de los ochenta en España o en Italia tendrá indeleblemente ligada a su memoria alguna de las muchas canciones y actuaciones que esta cantante, actriz, bailarina y compositora italiana prodigó durante aquella época, en la que era una presencia constante en la parrilla televisiva. Canciones de disco ligero y desenfadado como «Tanti Auguri» («Para hacer bien el amor hay que venir al sur»),

«A far l'amore comincia tu» («En el amor todo es empezar»), «Caliente, caliente» o «Rumore, rumore» (todas traducidas al castellano por Luis Gómez Escolar) son clásicos que forman parte de la memoria colectiva de al menos un par de generaciones, cuyo eco aún resuena en toda clase de saraos.

Bajo la dirección artística de Gianni Boncompagni, compositores como Paolo Ormi y Daniele Pace fueron surtiendo su repertorio de hits. Los discos de Raffaella Carrà comenzaron a convertirse en éxitos sin paliativos en la segunda mitad de los setenta, con álbumes –con poco dispendio de imaginación en sus títulos– como *Raffaella Carrà* (1976), *Fiesta* (1977) o *Raffaella Carrà* (1981), repletos de canciones que han sido hasta cierto punto consideradas una avanzadilla del italo disco. Como muestra de la pervivencia de su temario, valga resaltar que en 2011 editó un remix de «A far l'amore comincia tu» en alianza con el DJ y productor Bob Sinclair, uno de los máximos exponentes de la electrónica francesa de las últimas dos décadas.

La Casa Azul
La revolución sexual
1997

Aunque surgió asociado a aquella pléyade de bandas hispanas que practicaban un indie pop naïf y pizpireto a finales de los noventa (tontipop se le llegó a llamar, despectivamente), el proyecto personal del barcelonés Guille

Milkyway fue adquiriendo con los años una madurez en la que el influjo de la mejor música disco tuvo mucho que ver. Obviamente, también otros nutrientes: el bubblegum pop, el electropop, el sunshine pop o el funk fueron condimentos esenciales de su fórmula. Pero el peso de la música disco ha ido acrecentándose hasta ser uno de los más palpables en discos como *La Polinesia meridional* (2011) o *La gran esfera* (2019), sus dos últimos álbumes. A veces con una coartada algo más contemporánea («Los chicos hoy saltarán a la pista», del primero; o «El momento», del segundo, que él mismo define como italodisco futurista en conjunción con Daft Punk: ahí es nada), y en otras, con guiños algo más añejos (en «Ivy Mike», del segundo, menciona expresamente el «Chain Reaction» de Diana Ross). Sobre los escenarios, el músico catalán ha ido rodeándose en los últimos años de una solvente banda de instrumentistas, reforzando la idea de grupo sólido, con la que ha reforzado la faceta más orgánica de su sonido, dejando entrever esas costuras de música hedonista y (en ocasiones) euforizante que tiene en la era de esplendor de la música disco uno de sus principales abrevaderos.

Tino Casal
Embrujo synth pop
1963 – 1991

El malogrado Tino Casal fue uno de los músicos españoles que, sirviéndose del synth pop tan en boga en los tiempos de la cacareada Movida de los ochenta, mejor supo fagocitar algunos de los hallazgos de la música disco previa. Su descomunal versión del «Eloise» de Paul Ryan (que ya habían popularizado los punks británicos The Damned en 1985) fue la canción que le procuró mayor popularidad, en 1987, entre otras perlas de arrebatado pop sintetizado como «Embrujada», «Champú de huevo» o «Pánico en el edén», extraídos de álbumes como *Etiqueta negra* (1983), *Hielo rojo* (1984), *Lágrimas de cocodrilo* (1987) o *Histeria* (1989).

Siempre ataviado con un abigarrado atuendo, entre el glam y el new romantic, con resabios del Bowie de los setenta, el músico asturiano se había curtido desde los años sesenta en formaciones rock como Los Zafiros Negros y Los Archiduques, pero no fue hasta principios de los ochenta, en compañía casi siempre del teclista y arreglista Javier Losada, que gozó del éxito por su forma de fundir los preceptos de la nueva ola con los del eurodisco. Tuvo tiempo también para diseñar portadas (como la del primer álbum de Azul y Negro) y producir discos de músicos teóricamente muy alejados de sus presupuestos (como fue el caso de Obús), mucho más cercanos (como los valencianos Vídeo) o algo equidistantes (como los madrileños Tacones). Falleció en un accidente de tráfico en 1991.

Susana Estrada
Super Sexy Girl
1978 – 1981

Seguramente a muchos de ustedes les choque toparse con una de las gran-des reinas del destape cinema-tográfico español de finales de los setenta en este libro, pero (si se cuentan entre los escépticos) hagan el favor de recurrir a su tienda de discos o a su platafor-ma de *streaming* favorita y dis-pensen unos minutos a escuchar *The Sexadelic Disco Funk Sound of Susana Estrada*, recopilación publicada por el sello leridano Guerssen en 2017: se darán de bruces con un exuberante re-pertorio de música disco de le-tras sexualmente desvergonza-das y procaces (incluso desde la perspectiva actual), capaces de hacer pasar a los tórridos tán-dems Serge Gainsbourg/Jane Birkin o Donna Summer/Gior-

gio Moroder por unas mojigatas hermanitas de la caridad. En esencia, esa recopilación agrupa temas de sus álbumes *Machos* (1980) y *Amor y Libertad* (1981), editados en su momento por Belter y Sauce, junto al mini elepé (en realidad, un cassette de cuatro temas vendido en su momento como porno cassette, tal y como lo leen) *Historias inconfesables* (1981).

Temas como «Hagámoslo juntos», «Voy desnuda», «¡Gózame ya!», «Ha-gamos el amor», «Mi chico favorito», «Machos», la emancipadora «¡Quítate el sostén!» (todo un himno feminista) o «Lograremos volar» (alegato contra el consumo de drogas) dan buena cuenta no solo de su saludable descaro y de la elegancia de su sonido, sino también del buen hacer de Carlos de las Heras, Josep Llobell y Manolo Gas, el equipo de compositores y productores que tenía detrás. De hecho, Llobell (creador de la famosa sintonía de Movierecord) fue un personaje fundamental en la época por su trabajo como director artístico de Belter y productor de Peret, Junco, Dúo Dinamico, Burning o El Último de la Fila, mientras que Manolo Gas fue figura clave en la adaptación al mercado español de clásicos del jazz, el soul y la música disco durante los años setenta. Susana Estrada también sabía muy bien de quién rodearse.

Iván
Fotonovela bailable
1975

Juan Carlos Ramos Vaquero es el nombre real del cantante que hemos conocido siempre como Iván, todo un fenómeno adolescente en la España de la primera mitad de los ochenta (en paralelo a otros vocalistas como Pedro Marín), gracias a canciones que bebían del fenómeno disco filtrado a través de lo que entonces aquí se le llamaba tecno pop (synth pop en su acepción anglosajona): esto es, pop sustentado en la primacía de los sintetizadores, pero en este caso en su versión más  bailable. De hecho, tanto «Fotonovela» (1984) –sobre todo– como «Baila» (1985) –algo menos– sustentaban melodías que aún resuenan en la cabeza de al menos una generación, e incluso son de vez en cuando rescatadas en sesiones de discoteca en las que no queda muy claro dónde termina la falta de prejuicios y empieza la ironía kitsch por un pasado (no nos engañemos) que todos tendemos a idealizar.

Su carrera fue en un principio impulsada por Joaquín Luqui, cuyo apoyo le granjeó su fichaje por CBS, en 1979. *Sin amor* (1979) y *A solas* (1980) datan de aquella época inicial, pero no sería hasta el single «Fotonovela» (1984) y el álbum *Baila* (1985), con su tema titular (que hasta figura en alguna recopilación de italo disco, junto a músicos italianos, y fue elegida para ilustrar la Vuelta Ciclista del mismo año), que franquearía las puertas del éxito comercial. «Fotonovela» fue, inevitablemente, acogida por algún culebrón televisivo sudamericano como sintonía en los años ochenta. Iván estuvo en los noventa viviendo en Australia y luego marchó a Los Angeles, en donde reside desde hace años y no ha cejado en su empeño por seguir facturando música y presentarla en conciertos muy puntuales.

Fundación Tony Manero
La factoría del ritmo
1996

Formados en Barcelona en 1996 por Miguelito Superstar, Paquito Sexmachine, Lalo López y una amplia nómina de secuaces, la Fundación Tony Manero es la banda que más ha hecho en España en las últimas dos décadas por preservar los valores de la música y la cultura disco, siempre con el funk y cierta sensibilidad soul en el punto de mira. Es cierto que el éxito del single «Super Sexy Girl», incluido además en un *spot* de telefonía móvil en 2001, sirvió para otorgarles su mayor cota de visibilidad, y que en un principio comenzaron como banda de versiones, pero su vasto conocimiento de todos los palos de la música negra justifica toda la atención.

Tal y como nos comentó Lalo López en una entrevista, «empezamos haciendo versiones, más populares o populacheras, como pudiera ser por alguna versión de Village People, pero enseguida metíamos el «Superfly» de Curtis Mayfield o el» Do Your Thing» de Isaac Hayes, porque creíamos que era fundamental reivindicar todo ese legado». Así que nadie debería dejar de prestar atención a cualquiera de sus más que solventes álbumes, entre los que destacan *Looking for la Fiesta* (2000), *Click* (2004), *Pandilleros* (2009) –algo así como su particular guiño al cine quinqui español de finales de los setenta y primeros ochenta, nuestro particular blaxploitation de extrarradio– o el reflexivo *Lugares comunes* (2018).

Más allá de la imagen estereotipada que se pueda deducir de su imagen, tan deudora de los días de esplendor de la eclosión disco, Fundación Tony Manero son un puñado de excelentes músicos, conocedores del terreno que pisan. Como nos confesaba Lalo López, «sin la música disco no podríamos entender el italo, que es algo que está en la base de mucha música techno de hoy en día, ni tampoco podemos dejar de reivindicar a Giorgio Moroder, otro de los padres: hay que hacer una labor de reivindicar a todas esas figuras».

Rockeros seducidos por la música disco
Bolas de espejos y guitarras

«¿La música disco apesta? Nunca escucharás eso de mí.»
John Lydon

«A la gente le avergüenza reconocer que les gusta, pero a mi me encanta la música disco.»
Ty Segall

Si todos aquellos que sintonizaron con el reaccionario movimiento antidisco de 1979 (y de una forma o de otra echaron pestes de la música disco por considerarla banal, frívola y afeminada) perdieran cinco minutos en documentarse y cerciorarse de la capacidad de contagio que aquellos sonidos tuvieron incluso entre los baluartes más sagrados del rock blanco de guitarras, quizá erradicarían muchos de sus viejos y apolillados prejuicios. Hay quien dice que aquel odio inveterado hacia el disco tuvo más de racismo que de fundamentalismo musical. Lo mismo da. Incluso desde el prisma de la ruptura generacional, había pocos motivos para renegar del sonido disco: aunque el punk se situase en sus antípodas formales, lejos de sus excesos estéticos, latía también en su filosofía el pulso de los parias del momento, de los desclasados que querían romper con los códigos de sus padres. Punk y disco demostraron que podían ser rentables aliados contra el orden establecido en tiempos de crisis.

No hay excusa posible para el desdén sin matices desde el momento en el que uno hace un somero inventario de los músicos que, curtidos en discursos teóricamente alejados, se arrimaron (ya fuera por convencimiento o por mero oportunismo) a la música disco porque era el sonido al que cualquiera debía adaptarse para no perder el tren de aquella modernidad, la de finales de los setenta y principios de los ochenta. Los Rolling Stones, Paul McCartney, Rod Stewart, Elton John, David Bowie, Kiss, Blondie, Electric Light

Orchestra, Robert Palmer o Tony Joe White son solo algunos de quienes se dejaron seducir por los cantos de sirena de la música disco, ya fuera a través de singles de impacto o de elepés completos. Sin su aportación, que contribuyó (como pocas) a popularizar sus ritmos y su estética, tampoco se entendería el género.

David Bowie

Del soul de ojos azules al duque blanco
1962 – 2016

David Robert Jones, el hombre que perseguía el futuro, uno de los grandes iconos culturales del siglo XX y de parte del XXI, también se dejó empapar por los sonidos de raigambre negra, entre ellos la música disco, entre 1975 y 1983. Quizá con el seguidismo que practicó respecto a aquellos estilos desmintió el lugar común de que siempre fue un talento precursor, avanzado a su tiempo, y que en cierta forma no deja de ser algo tópico: si algo tuvo siempre muy claro Bowie es que la cultura pop es esencialmente apropiacionista, una carrera en la que no importa tanto ser el primero en descubrir algo como ser el mejor a la hora de reformularlo con perspicacia y revestirlo de genialidad. Bowie se divirtió y vendió millones de trabajos en su etapa más propensa a la música disco, cuando ya no necesitaba marcar tendencia.

Si en *Diamond Dogs* (1974) ya se empezó a vislumbrar su querencia por el rhythm and blues y el soul, fue en el notable *Young Americans* (1975) con el que se zambulló de pleno en el soul de ojos azules (esto es, el que empezaban a frecuentar músicos blancos) y el sonido Philadelphia en un giro más que sorprendente viniendo del mismo hombre que había asombrado al mundo con la epopeya de Ziggy Stardust, solo tres años antes. Tanto el extraordinario tema titular como «Fascination» (firmado a medias con Luther Vandross), «Somebody Up There Likes Me» o «Fame», dan buena cuenta de su pasión por las arreglos de viento exuberantes, las guitarras rítmicas y un torrencial desborde de vehemencia vocal. Como si quisiera criogenizar aquellos hallazgos y envasarlos en una cámara frigorífica, su trilogía berlinesa (la que forman *Station to Station*, de 1976 –en la que aún «Golden Years», «TVC15» y «Stay» retienen fijación con el funk y el soul– , *Low* y *Heroes*, de 1977), muestra su veta más fría y experimental, influenciada por el nuevo rock alemán (el kraut), los hallazgos de Brian Eno y las guitarras de Robert Fripp. Aquella fase toca a su fin con el magno *Scary Monsters* (1980), considerado por muchos como su última obra maestra.

Con todo, la incursión más decidida de Bowie en territorio disco llega con *Let's Dance* (1983), de la mano de Nile Rodgers (Chic) a la producción, en un momento en el que el género ya estaba lidiando con su propia resaca. Un trabajo apreciable aunque no esencial, en cuya nómina también figuraba el malogrado Stevie Ray Vaughan a la guitarra, y que se convirtió en el más vendido de toda su carrera con siete millones de copias, gracias sobre todo a canciones como «Modern Love», «China Girl» o «Let's Dance». Huelga decir que no fue, ni mucho menos, uno de los trabajos más apreciados por el grueso de la crítica ni por su público. Repitió la fórmula con el desangelado *Tonight* (1984), uno de los discos más endebles de su carrera, y ya tan solo volvería a incorporar elementos electrónicos y de baile (que no disco) a su música de forma puntual en los años noventa, con sus coqueteos con el drum'n'bass y el rock industrial.

Blondie
Corazón de cristal
1974 – 1982, 1997

Nadie lo hubiera aventurado mientras fraguaban su efectiva alquimia en los mentideros del *underground* neoyorquino, en locales como el CBGB o el Max's Kansas City, pero Blondie acabarían empapándose de la música disco (y del rap, y del reggae) para dar con algunas de sus mejores canciones y sus mayores éxitos. La banda que en un principio formaron Deborah Harry, Chris Stein, Clem Burke, Gary Valentine y Jimmy Destri, emblema de la mejor new wave norteamericana, siempre se mostró ajena a cualquier fundamentalismo, y la definitiva cristalización de su querencia disco llegaría con su tercer álbum, el celebrado *Parallel Lines* (1978), en el que junto a canciones como «One Way or Another», «Hanging on the Telephone» (versión del tema de The Nerves), «Picture This» o «Sunday Girl», figuraba el pelotazo disco «Heart of Glass», potenciado por la producción de Mike Chapman, sagaz conocedor de los entresijos del éxito por sus trabajos con Suzie Q, Sweet o The Knack.

El conseguido coqueteo con las pistas de baile continuó con temas como «Atomic», extraído del consistente *Eat To The Beat* (1979), y especialmente con uno de los grandes singles de la era disco, aquel «Call Me» (1980) en alianza con Giorgio Moroder, compuesto para la banda sonora de la película *American gigolo* (Paul Schrader, 1980), y que les mantuvo más de seis semanas en lo alto de las listas norteamericanas, tan solo desbancados por el inefable «Funkytown» de Lipss Inc. En el más endeble *Autoamerican* (1980) siguieron abriéndose a un pop de amplio espectro con su versión del clásico reggae «The Tide is High» de John Holt & The Paragons y el rap de «Rapture», primera canción no adscrita al ámbito hip hop en obtener repercusión comercial con un rapeado, en su caso con referencias al pionero Fab Five Freddy. En su segunda etapa, ya en el nuevo siglo, continuaron valiéndose de preceptos de la música electrónica y de baile –que no disco– con trabajos como *Pollinator* (2017), para el que contaron con John Congleton (St. Vincent, Swans, R Kelly) a la producción. La música disco ha sido uno más de los condimentos que Blondie han empleado para redondear su exitosa fórmula.

Electric Light Orchestra
Beatles goes disco
1970 – 1986

La ELO es una de las pesadillas más recurrentes de muchos de los más recalcitrantes puristas del rock: las producciones sintetizadas, rebosantes de brillo, de Jeff Lyne (tanto al frente de su grupo como en sus frecuentes trabajos de producción para músicos como Tom Petty, George Harrison o Bryan Adams), son anatema para quienes aún atesoran un concepto integrista (y hasta cierto punto regresivo) de la música popular. Así que su incursión en territorio disco a finales de los setenta debe ser algo así como el sumum de esa aversión, porque en álbumes como *Discovery* (1979), la Electric Light Orchestra también se dejó contagiar con gusto por los ritmos irredentos y los fastuosos arreglos de cuerda que tan comunes eran a la música disco del momento.

Piezas tan pegadizas como la estupenda «Shine a Little Love», «The Diary of Horace Wimp» (esos vocoders) o «Last Train to London» acreditan el marchamo comercial de aquel álbum, que fue el primero de la ELO en llegar al número uno en el Reino Unido, aunque no se sitúe entre los predilectos de sus fans: un dato que vuelve a refrendar que, ya con la campaña *Disco Sucks!* (invocando a la quema de vinilos de música disco) haciendo estragos en los EE.UU., era mucho más fácil que cualquier producto deudor de aquellos sonidos medrase en las listas de éxitos europeas y no en las norteamericanas. En esencia, lo que Jeff Lynne y sus ELO habían hecho era amoldar sus tradicionales melodías de estirpe beatleiana a la ortografía sonora que había hecho furor en las últimas temporadas. No es de extrañar que siguieran una senda similar para componer la banda sonora de la película *Xanadu* (Robert Greenwald, 1980) un año más tarde, antes de embarcarse en la desenfrenada epopeya synth pop de *Time* (1981). Ellos tampoco fueron inmunes a la fiebre disco.

Elton John
Incursión desigual
1962

Reginald Kenneth Dwight, a quien todo el mundo conoce como Elton John, también ahondó en la música disco durante el periodo de mayor apogeo del género, aunque ninguno de aquellos trabajos figure precisamente entre los totémicos de su carrera, prendada de discos extraordinarios durante todo el tramo anterior, la práctica totalidad de los años setenta. Su veta disco se cifra, fundamentalmente, en dos trabajos: el minielepé *The Complete Thom Bell Sessions* (1979) y *Victim of Love* (1979), que es consecuencia del primero.

El primero es fruto de su alianza con el histórico productor y compositor Thom Bell, pieza esencial del engranaje del sonido Phipadelphia, quien había producido a The Delfonics, The Stylistics, Phillis Hyman o The Spinners. Constituye una auténtica rareza en el repertorio del británico, por cuanto prescindió casi por completo de su compinche Bernie Taupin (con quien había compuesto sus grandes obras maestras previas) y se encerró en los estudios Sigma de Philadelphia para unas sesiones en las que la química entre él y Bell pronto se enturbió. De hecho, no fue hasta doce años después cuando las tres canciones inicialmente publicadas en el EP vieron de nuevo la luz con las otras tres que permanecían inéditas, desvelando las sesiones completas. No era un trabajo en absoluto desdeñable, pese a no inscribirse en su mejor registro.

Con la firme intención de resarcirse de aquella experiencia algo fallida, contó luego con Pete Bellotte, secuaz de Giorgio Moroder, para marcarse por fin un álbum completo de música disco al uso, *Victim of Love* (1979). El cambio de productor no redundó en un trabajo mucho más brillante: es el único álbum de estudio del que nunca ha rescatado ni una sola canción en directo, y suele ser vapuleado incluso por sus fans. Posteriormente, sobre todo durante la década de los ochenta, Elton John frecuentaría ritmos bailables pero desde presupuestos más cercanos al pop adulto comercial y sintetizado que tanto afloró entonces, lejos de patrones disco.

Kiss
Nacidos para amarte
1973

Pocos discursos parecían más distantes en su momento que el shock rock con esquirlas glam y hard de los neoyorquinos Kiss y la música disco, pero

ni siquiera ellos fueron inmunes a su magnetismo, en un momento en el que –además– tampoco necesitaban renovar su argumentario ni recabar una cuota extra de credibilidad, porque ya eran una banda mundialmente conocida. Ocurrió en 1979, con el sencillo «I Was Made For Lovin' You» como síntoma evidente. Cuenta la leyenda que el propio Paul Stanley, guitarrista de la banda, admitió que la idea detrás de aquella canción era demostrar lo sencillo que era crear un hit disco. Pero lo cierto es que se vio obligado a contar con la ayuda de Desmond Child, un auténtico fabricante de éxitos que han resonado durante años en manos de Aerosmith, Cher o Ricky Martin. Así que la empresa no debía ser tan fácil.

La canción, que fue punta de lanza de su séptimo álbum, *Dynasty* (1979), en un principio enajenó –como era de esperar– a algunos de sus fans, pero con los años se convirtió en uno de los insustituibles clásicos en sus directos, aunque ni el vocalista Gene Simmons estuviera muy convencido del giro. Conviene recordar que la onda expansiva de la música disco no se reducía a aquel single: «Sure Know Something» y «Dirty Livin'» también eran deudores de su mismo sentido del ritmo. No obstante, Kiss fueron otra banda de rock que delegó insospechadamente en la música disco, y aunque el volantazo fuera más que discutido en su momento, les legó la canción más conocida de su historia. Basta con consultar sus cifras de ventas y sus reproducciones en cualquier plataforma de *streaming*. No es moco de pavo.

Robert Palmer

Pistas entre disco y pop

1964 – 2003

Robert Palmer ya había dado durante los años setenta sobradas muestras de su aptitud para encarnar el rol de chamán del blue eyed soul, ese soul de baja intensidad practicado por vocalistas blanquitos, que tan bien les había sentado a Joe Cocker, Eric Burdon, Rod Stewart o incluso al siempre simpar Van Morrison. No obstante, el vocalista británico mostró su inclinación por adaptarse a los ritmos en boga –en sintonía con muchos de los soulmen de la década– a finales del decenio, tendencia que empezó a avistarse en su álbum *Secrets*, de 1979, (con temas como «Bad Case of Loving You») y sobre todo, con *Clues* (1980), en el que canciones como «Looking For Clues», «Not a Second Time», «What Do You Care» y la celebérrima «Johnny and Mary» navegaban sobre potentes patrones disco, en el punto justo de cocción entre

pop de consumo y alborozo para la
pista de baile.

Fue, si se quiere, un sarpullido
puntual, ya que no volvió a frecuentar con tanta transparencia
los sonidos disco, pero un contagio esencial como transición entre
aquella fase previa al servicio del
soul y el r'n'b blancos y el posterior rock tecnificado y vehemente
que puso en liza con *Riptide* (1985)
y *Heavy Nova* (1988), los álbumes
que marcaron su cima comercial
con «Addicted To Love» y «Simply Irresistible» como singles de
reclamo, respectivamente. Robert Palmer falleció en 2003 de un infarto a
los 54 años, dejando un desigual aunque estimable legado.

The Rolling Stones
Glorioso cruce de caminos
1962

Que los venerados Rolling Stones se dejasen empapar con gusto por las ca-
dencias de la música disco, y además lo hicieran de forma más que certera,
debería ser el antídoto perfecto para cambiar el chip a todos aquellos irredentos *rockistas* de la vieja guardia que aún le niegan el pan y la sal al género,
al que desestiman como un brote de frivolidad artificiosa que no merece ser
tenido en cuenta con grandes caracteres en el discurrir de la música popular
de las últimas décadas. Mick Jagger, Keith Richards, Ron Wood, Bill Wy-
man y Charlie Watts no se zambulleron en el género de una forma integral,
dedicándole un álbum entero, pero dejaron unas buenas (extraordinarias,
en realidad) pistas de cómo asimilar la música disco sin por ello pervertir su
tradicional personalidad. El propio Prince, sin ir más lejos, era un devoto in-
condicional de canciones como «Miss You», que versionaba con frecuencia.

La semilla del interés de los Stones por la música disco se cifra en su cultivo del funk: el que se plasma ya de forma clara en canciones como «Finger-
print File» (de *It's Only Rock and Roll*, 1974), o «Hot Stuff» y «Hey, Negrita»

(ambas de *Black and White*, 1976). Así que cuando llega 1978, ya con la fiebre disco en pleno apogeo, es cuando se sumergen de lleno en su cadencia y en su *groove* para componer el mayestático «Miss You», una de las mejores canciones de su vastísimo y legendario repertorio, claramente marcada por el tiempo que los miembros de la banda pasaban en algunas de las discotecas de la época. Con toda seguridad, una de las perlas definitivas de la colisión entre rock y música disco, con su imponente línea de bajo y su irresistible estribillo. «Miss You» era el tema que abría *Some Girls* (1978), uno de sus últimos grandes discos antes de su extravío durante casi toda la década de los ochenta. Una década que abrieron, no obstante, con el notable *Emotional Rescue* (1980), del que sobresalen otras dos gemas que les muestran en abierta sintonía con la música disco: las fabulosas «Dance (Pt. 1)» y «Emotional Rescue».

Los últimos intentos de los Stones por empatizar con ritmos funk, en sintonía con cierta caligrafía post disco, no merecen mayor comentario por inscribirse en trabajos tan desangelados como *Undercover* (1983) o *Dirty Work* (1986), la cota de calidad más baja de toda su carrera: ni la resultona «Undercover of the Night», del primero, ni la sudorosa «Harlem Shuffle», del segundo, arañan siquiera la magnificencia de sus mejores coqueteos con la cultura disco.

Rod Stewart
Viejo zorro
1961

Al igual que hicieron los Rolling Stones, el zorro viejo que ya era Rod Stewart a finales de los años setenta también metió la patita (no se pegó una zambullida completa) en las aguas de la música disco, y con ello logró facturar uno de los mayores éxitos de toda su carrera: el estupendo single «Do Ya Think I'm Sexy?» fue número uno en medio mundo, y arrastró las ventas del álbum *Blondes Have More Fun* (1978) hasta los catorce millones de copias. El giro sorprendió, viniendo de parte de un rockero que había formado parte de los Faces, pero lo cierto es que no es tan extraño si tenemos en cuenta que en canciones como «You're Insane» (del álbum anterior, *Foot Lose and Fancy Free*, de 1977), el funk tenía ya pocos secretos para él, y menos aún los tenían el soul y el rhythm'n'blues que él frecuentaba con esa cascada garganta que atesoraba el mojo de los mejores vocalistas negros.

Él se defendió en su momento, argumentando que si los Rolling Stones y Paul McCartney se habían atrevido a coquetear con la música disco, ¿por qué no iba a poder hacerlo él? Sea como fuere, *Blondes Have More Fun* no fue un álbum de música disco más que en aquel corte, con la influencia de la música negra más evidente ceñida también a su versión del «Standing In The Shadows of Love» de los Four Tops. En un tránsito muy similar al obrado por Robert Palmer, Rod Stewart pronto permutaría los ritmos disco por el rock sintetizado, en sintonía con la new wave más colorista y comercial, en discos como *Tonight I'm Yours* (1981), con canciones tan resultonas como

«Tonight I'm Yours», «Young Turks» o «How Long» (estupenda versión de Paul Carrack), antes de perder definitivamente el tren de los tiempos y repetirse como el ajoaceite facturando discos de baladas y *standards* del gran cancionero norteamericano (ideales para regalar a cualquier cuñado en Navidad) hasta nuestros días.

Paul McCartney y Wings
Ébano y marfil
1971 – 1983

Cuando Rod Stewart defendía su «Do Ya Think I'm Sexy?» arguyendo que los Stones y Macca ya habían coqueteado sin disimulos con la música disco

antes que él, seguramente se refería a canciones como «Silly Love Songs» (1976), en la que McCartney, al frente de los Wings, respondía de forma irónica a todos aquellos que le acusaban –desde hacía tiempo– precisamente de eso, de dedicarse a componer «tontas canciones de amor», ligeras y desenfadadas, de tacto aparentemente intrascendente. La línea de bajo de la canción y sus arreglos de viento y cuerda son puro sonido disco de la época, con el Philly Sound como claro ascendiente.

Fue la primera aproximación inequívoca de McCartney al sonido que en aquel momento empezaba a despuntar mundialmente, y lo cierto es que no chirría demasiado si tenemos en cuenta que en *Wings at the Speed of Sound* (1976), que era el álbum en el que se enmarcaba, había –entre andanadas de rock and roll clasicote como «Cook of the House»– al menos un par de cortes que revelaban su filia por el soul de baja intensidad como «She's My Baby» o «Time To Hide». Curiosamente, cuando la música disco alcanzaba su cénit comercial un par de años más tarde, ni *London Town* (1978) ni *Back To The Egg* (1979) mostraban apenas rastros de aquel repentino furor, más allá del sedoso sesgo r'n'b de la negroide «Arrow Through Me», sampleada décadas más tarde por la maravillosa Erykah Badu. Pero sí lo hizo, y de qué forma, el single que medió entre ambos, que se convirtió en un éxito: el contagioso «Goodnight Tonight» (1979), con guitarra española incluida.

Tendrían que llegar nuevos discos suyos, ya firmados en solitario, como *Tug of War* (1982) o *Pipes of Peace* (1983), para que se animase a flirtear con el funk en cortes como «What's That You're Doing?», con Stevie Wonder (en el primero de ellos), o «Say Say Say» con Michael Jackson (en el segundo). En ambos casos, la suma de talentos no multiplicaba por sí misma –ni mucho menos– la calidad del resultado final.

Talking Heads
El ritmo como principio
1975 – 1991

Podríamos haber consignado en este apartado prácticamente toda la producción del sello neoyorquino Ze Records, bandas y músicos que adoptaron presupuestos de la música disco y los fundieron con el punk a finales de los setenta, como Was (Not Was), Mars o Lizzy Mercier Descloux, o a casi toda la pléyade disco punk de la época, como ESG, Liquid Liquid, Arthur Russell o Delta 5. O también a sus ilustres revivalistas ya en la década de los dos mil, como The Rapture, Radio 4, Out Hud o LCD Soundsystem. Pero hemos optado por escoger a los Talking Heads como el mejor y más popular exponente de la forma en la que las bandas de la new wave neoyorquina filtraban la música disco en su momento de mayor esplendor a través de sus discursos.

El cuarteto que completaron en 1976 en Nueva York David Byrne, Tina Weymouth, Chris Frantz y Jerry Harrison, antes de entablar diálogo creativo con Brian Eno, se estrenó con un trabajo, *Talking Heads: 77* (1977), que incidía en ritmos fracturados, guitarras angulares, falsetes imposibles y textos enajenados, pero al mismo tiempo demostraba que su art rock (carne de clubes como el CBGB) abría una zanja particular en tiempos de incipiente new wave, con la música disco y los ritmos caribeños convertidos en uno más de los condimentos del fascinante cortejo entre el punk y el funk: escuchen «New Feeling», «No Compassion», «The Book I Read», «Don't Worry About the Government» y –sobre todo– la enorme «Pyscho Killer», con esa línea de bajo de innegable filiación disco.

Distinta sería ya su trayectoria desde el momento en el que Brian Eno (ex Roxy Music, quien venía de trabajar con David Bowie o Robert Fripp) se cruza con ellos, orientando su sonido a la pista de baile con irrefrenables y más complejas escaladas rítmicas (*More Songs About Buildings and Food*, 1978) y como entes orgánicos de crecimiento insospechado (*Fear of Music*, 1979), pero ya alejándose de cualquier ortodoxia disco y pavimentando el camino para la polirritmia africana del magistral *Remain in Light* (1980). Así las cosas, fueron la base rítmica que formaban Tina Weymouth y Chris Frantz quienes se mantuvieron más fieles al influjo de la disco music con su proyecto Tom Tom Club, artífices de un sensacional debut (*Tom Tom Club*, 1981), con canciones como «Wordy Rappinghood», «Lorelei» o «Genius of Love», cuya excelencia no han logrado luego igualar.

Tony Joe White
Swamp disco
1968 – 2018

Parece casi inverosímil, pero el gran maestro del rock pantanoso norteamericano también comulgó con la música disco en canciones como «I Get Off On It», «Grounded» o «Even Trolls Love Rock and Roll», y hasta coqueteó con el incipiente rap en «Swamp Rap», todas composiciones extraídas de su

álbum *The Real Thang* (1980), no por casualidad publicado en Casablanca, el sello en el que había militado Donna Summer. No fue, obviamente, el registro más memorable de este maestro del rock and roll y del rhythm and blues sureños. De hecho, esa fase de devaneos disco fue la antesala a un periodo de opacidad del que emergió ya a finales de los ochenta merced a su trabajo como compositor a sueldo (el «Rainy Night in Georgia» que popularizó Brook Benton en 1970, por ejemplo, ya llevaba su firma) para estrellas de éxito mundial como Tina Turner, a quien entregó «Steamy Windows» y «Undercover Agent For The Blues» para su álbum *Foreign Affair* (1989), a través de su amistad con Mark Knopfler, a la sazón productor. Como es lógico, las obras maestras del llamado zorro del pantano –las de la primera mitad de los setenta e incluso algunas ya bien entrado el nuevo siglo– quedan lejos de la pista de baile. Pero su breve infección disco demostró que incluso los más consumados defensores de las arcanas esencias del rock and roll podían acabar cayendo bajo su influjo.

Latinoamérica

Pasiones cruzadas

«La música disco existía antes de que todos nosotros naciéramos y existirá siempre. Es un ritual, una celebración, y no importa cómo lo queramos llamar, porque nada cambiará el hecho de que haya música que nos sirva para celebrar o ir de fiesta.»

Grace Jones

Al igual que ocurrió con el pop, el rock y con cualquier otra manifestación de la música popular de corte anglosajón, la música disco llegó a los países latinoamericanos para mezclarse (en muchas ocasiones) con los géneros autóctonos: con cualquiera de sus cumbias, con los corridos, con la canción romántica, con el chachachá, con el danzón o con el guaguancó.

Es más que posible que la visión que se tiene en Europa del fenómeno sea incompleta. La intermitencia con la que la discografía de muchos de los artistas centroamericanos y sudamericanos ha ido cruzando el charco nunca lo puso fácil, y esa es una carencia que tampoco esta era digital ha podido solventar del todo. Tampoco las incursiones en territorio disco han ido, en líneas generales, más allá de lo ocasional, una coyuntura que ha reforzado el sesgo algo kitsch con el que muchos músicos acogieron la fiebre por los ritmos para bailar bajo la bola de espejos.

En cualquier caso, el arco temporal es lo suficientemente amplio como para hacerse una idea del magnetismo transversal de la música disco desde la frontera norte de México hasta Ushuaïa. Desde la pionera Banda Macho de Virgilio Canales hasta la cálida mezcolanza de los colombianos Los Amigos Invisibles, pasando por los argentinos Ámbar, la chilena Javiera Mena y estrellas de la canción que son casi leyendas en sus países, como los venezolanos José Luis Rodríguez «El Puma» y Trino Mora, o el mexicano Juan Gabriel.

Ámbar

Del disco al electro
1998

Aunque su música tiene más del synth pop de estirpe ochentera e incluso del pulso frío y metronómico de la escuela de Kraftwerk o de la de Depeche Mode, no sería justo repasar el legado de la música disco en Latinoamérica pasando por alto la aportación de este dúo argentino, en activo desde 1998, y con tres álbumes en su haber: *Viaje perfecto* (2000), *Postpop* (2002) y *Existencial* (2008). Canciones como «El veneno», «Calor», «Luces de Neón», «No me dejes ir», «Playa de Luz», «Después» o «En la ducha» revelan que Ricardo Piccolo y DN Bianco, tándem que brinda la estampa más saludable del pop electrónico austral de las últimas décadas, se criaron también tomando buena nota de las enseñanzas de los tótems de la era disco y post disco.

Los Amigos Invisibles
Irresistible pócima disco funk
1991

Pocas formaciones hay en el ámbito latinoamericano a la hora de regurgitar los preceptos del sonido disco funk (y traducirlos en canciones vibrantes) como los venezolanos Los Amigos Invisibles, la formación que desde 1991 comanda Julio Briceño en compañía de un estupendo elenco estable de instrumentistas. Llegaron a militar durante diez años en Luaka Bop, el sello que David Byrne creó para dar cabida a las llamadas músicas del mundo (aunque él mismo sea el primero en abominar, y con razón, de la etiqueta world music), han sido nominados en más de una ocasión a los Grammy latinos y son una presencia más que habitual en los escenarios europeos y norteamericanos.

Su vasta carrera se explica rescatando cualquiera de sus mejores álbumes: *The New Sound of the Venezuela Gozadera* (1998), *Arepa 3000* (2000), *The Venezuelan Zinga Son Vol. 1* (2002), *Superpop Venezuela* (2005), *Commercial* (2009) o *El Paradise* (2017). Escuchar canciones como «Sexy», «Groupie», «La vecina», «Qué rico», «Una disco llena», «La que me gusta» o «Viviré para ti» obliga a rendirse a su taimada pericia para dar con auténticos pelotazos para la pista de baile, tremendamente elegantes. Podría decirse que son prácticamente la némesis latinoamericana de la Fundación Tony Manero.

Mirla Castellanos
Algo caliente
1968

La venezolana Mirla Castellanos es una cantante, actriz, locutora, presentadora y compositora venezolana con una carrera de largo recorrido, durante la que ha podido frecuentar la canción melódica, el pop, el jazz y –de forma puntual– la música disco. Lo más parecido a una Raffaella Carrà del otro lado del océano. También como ella, llegó a trasladarse a España: lo hizo durante la década de los sesenta, cuando ganó el festival de Benidorm de 1969 con la canción «Ese día llegará», de Manuel Alejandro. Pero la internacionalización de su música no llegó a cuajar y volvió a su país en 1970, en donde es toda una celebridad durante las últimas décadas.

Muy populares son sus versiones en castellano del «Hot Stuff» de Donna Summer, adaptada como «Algo caliente» o del «The Night Chicago Died» de los británicos Paper Lace, reformulada como «La noche que murió Chicago», así como su clásico «Casanova», del álbum *Mirla Castellanos 78* (1978), todos gestados en el momento de máximo fulgor de la música disco, en la recta final de los setenta. Al mismo tiempo que Delia Dorta, otra ilustre vocalista venezolana que se sumó puntualmente a la moda. Su álbum *Vuelve pronto* (1983) la convirtió, por cierto, en la primera cantante venezolana en tener presencia en el Billboard norteamericano.

Banda Macho
Discocorridos y otras adaptaciones
1971

La Banda Macho de Virgilio Canales, conocida en su momento como la Súper Banda de México, fue –junto al músico y DJ José Luis Cortés El Maromero (no confundir con José Luis Cortés El Tosco, el músico cubano de afrosalsa)– una formación mexicana de rock clásico que supo adaptarse a los tiempos y convertirse en uno de los principales impulsores de la música disco en su país. Formados en Monterrey en 1971, siempre con una nutrida sección de vientos, plasmaban su filia por la música disco más exuberante mediante adaptaciones al castellano de temas como «The Night Chicago Died» («La noche que Chicago murió») de los Paper Lace, el «Theme from S.W.A.T.» de los Disco Heritage, clásico de la época blaxploitation, o el «Funky Bump» de KC and The Sunshine Band. También adaptaron al sonido disco funk un puñado de clásicos de la música popular de su país (corridos, canciones veracruzanas) en los tres popurrís de «Mexico Disco», entre la actualización y el guiño kitsch. Han seguido en activo durante las décadas posteriores, como proyecto nostálgico que nada tiene que ver ya con el fragor de la era disco.

Bebu Silvetti
Fértil alianza con la Salsoul Orchestra
1974 – 2003

Este veteranísimo compositor argentino se lanzó sin reservas en brazos de
la música disco, tras habersre forjado durante los años sesenta como músico
de jazz (en parte en España), cuando se convirtió en compositor y arreglista
para la Salsoul Orchestra, al tiempo que facturaba deliciosas muestras de disco funk instrumental a nombre propio. Fue, cómo no, en la segunda mitad
de los setenta, con éxitos disco del calibre de la sensacional «Spring Rain»
(junto a la Salsoul), que se mantuvo durante quince semanas en las listas
norteamericanas, y trabajos instrumentales elegantísimos como *El mundo sin
palabras de Bebu Silvetti* (1976) o *Super Disco Sound* (1976). En 1980 también
se apuntó a la moda de aderezar sonidos mexicanos con sintetizador, lo que
también le procuró años más tarde una próspera relación con el mundo de
las telenovelas: para algunas de ellas facturó varias canciones.

Juan Gabriel
Disco sentimental
1971 - 2016

Así fue: ni siquiera Juan Gabriel, uno de los gigantes de la música mexicana de todos los tiempos, fue inmune a los encantos de la música disco cuando estos ya sea habían extendido por todo el mundo. Al margen de sus tradicionales baladas, rancheras, boleros, rumbas y corridos norteños, este actor, compositor y productor de Michoacán tuvo tiempo para tramar al menos un álbum regido por los ritmos de la música disco: fue *Me gusta bailar contigo* (1979), con la producción de Eduardo Magallanes, su mano derecha durante gran parte de su carrera, con canciones como «Everybody Dance in Acapulco» (su primer canción en inglés), «Nadie baila como tú», «Nada, nada, nada», «Queriéndote alcanzar» o «Marisol» certificando su interés por los ritmos dinámicos y los arreglos suntuosos del estilo del momento. Fue un contagio puntual, justificado además porque encarnaba la banda sonora de la película *Del otro lado del puente* (Gonzalo Martínez Ortega, 1978), en la que él mismo interpretaba un papel. La prueba es que tan solo parte de aquella sonoridad (pero no su cadencia ni su jubiloso trote) tendría eco un año después en el álbum *Recuerdos* (1980).

Rudy Márquez
Paréntesis disco
1961

La música disco más ortodoxa figura como otra de las benditas rarezas en la carrera de este cantante, compositor, productor y presentador venezolano, otro de esos clásicos talentos polivalentes del *show business* latinoamericano de los años setenta y ochenta que se subió al carro del sonido de moda, aunque fuera tan solo de forma efímera. Fue en su álbum *Dancing & Dancing* (1979), cantado enteramente en inglés, de tópica portada (su artífice embutido en un apretado traje blanco, con chorreras y campanas, acometiendo un baile en pareja), y con temas de cuño propio y títulos tan explícitos como «The Disco King», «Dancing and Dancing» o «Do The Disco Funky Disco», en los que el proverbial cimbreo de los sonidos disco se apareaba con algunos cálidos punteos de guitarra a lo Carlos Santana. Fue la única inmersión –y sin escafandra– , tan solo un paréntesis, en la música disco por parte de este músico caraqueño, que se había fogueado como rockero en Los Dangers o Los Impala (durante los años sesenta) y más tarde frecuentaría la psicodelia, el bolero, el danzón o las baladas románticas por las que fue más popular.

Javiera Mena
A la felicidad por el pop electrónico
2000

El tándem que forman Javiera Mena y el productor Cristián Heyne es uno de los más fiables y efectivos del reciente indie chileno, y está entre quienes revelan más influencia de la herencia disco, perfilando un pop electrónico que bebe tanto de algunos próceres clásicos (Pet Shop Boys, Alaska y Dinarama) como de referencias más actuales (El Guincho, Yelle). Su discografía no es abundante pero sí lo suficientemente efervescente y fiel a su cadencia habitual (un álbum cada cuatro años) como para despertar el apetito del fan, incrementado por las numerosas giras que Mena ha emprendido también por Europa.

Sus canciones destilan hedonismo e incitación al baile, pero también elegancia y clase. Algo que se colige de cualquiera de sus trabajos, que marcan una línea ascendente, tanto en calidad como en lo intrincado de sus hechuras, cada vez más sofisticadas: *Esquemas juveniles* (2006), *Mena* (2010), *Otra Era* (2014) y *Espejo* (2018). En coordenadas similares opera, por cierto, la también valiosa discografía de su paisana Francisca Valenzuela o la del dúo –también chileno– Gepe.

Trino Mora
Del rock a la pista de baile
1967

Trino Mora fue otro de los grandes vocalistas venezolanos que apostó por la música disco desde su faceta más ligera, algo que tiene su lógica si reparamos en que muy joven adquirió no solo dominio del inglés, sino también un conocimiento bastante amplio de los palos en los que se iba bifurcando la música de corte anglosajón en su vis más cálida: el soul, el funk y el posterior estallido disco. Educado en la cultura del rock clásico y fogueado en innumerables certámenes de la canción latinoamericanos durante la década de los setenta, este cantante de raza compartió escenario con Donna Summer en su visita a Venezuela en 1977. Para entonces acumulaba ya un buen puñado de canciones que coqueteaban con la música disco, como «Libera tu alma», «Sigue adelante», «Virgen de alma» u «Hombre formal», todas recogidas en el recopilatorio *10 años en acción* (1977). Músico de muy  largo recorrido, no ha dejado de frecuentar sonoridades disco funk: una buena prueba es «El mochilón», uno de los cortes más cálidos del que fuera uno de sus últimos discos, *L.C.D.* (2013).

José Luis Rodríguez «El Puma»
Plumaje real
1966

Otro de los muchos cantantes melódicos latinoamericanos que se contagia-
ron de la fiebre disco y con ella lograron cotas de popularidad crecientes fue
el también actor, productor y empresario venezolano José Luis Rodríguez
«El Puma». Ocurrió en 1980, con el álbum *Me vas a echar de menos*, el tercero que editó para el mercado español cuando llevaba más de una decena
de elepés ya publicados anteriormente en su país, desde que en 1966 iniciara
su singladura en solitario tras su paso por la orquesta Billo's Caracas Boys.

Si ya en «Voy a perder la cabeza por tu amor» (1977), su primer éxito español, había contado con Manuel Alejandro a la composición, en el caso de
Me vas a echar de menos (1980) fueron Pablo Herrero y José Luis Armenteros
quienes le compusieron siete de los diez temas de aquel álbum, entre ellos
«Amar es algo más», su pieza más abiertamente disco junto a la populari-
sima «Pavo Real», adaptación en clave de música disco desmelenada de un
corrido compuesto muchos años antes por el también venezolano César de
Ávila. No fue su única incursión en los ritmos disco, modulados de forma tan
cálida como poco sutil (huelga decirlo) y con vigorosas notas de trompeta: su
arrumbado hit «Agárrense de las manos» (1985), compuesta por el riojano
Chema Purón, que retomó en 2017 junto a Carlos Rivera, Amaia Montero,
Ricardo Montaner o Fonseca (para el álbum *Inmenso*), es otra prueba.

África

El ritmo como principio

«La música disco funciona mucho mejor en manos de músicos negros. Simplemente la sienten más.»

Giorgio Moroder

La influencia que la canción «Soul Makossa», del músico camerunés Manu Dibango, tuvo en el desarrollo posterior de la música disco, es un buen ejemplo (quizá el más representativo) de cómo la música africana también contribuyó, con su polirritmia tribal y los vientos de cambio del afrobeat, a moldear la mejor música de baile de finales de los setenta y principios de los ochenta. A través de las discotecas pioneras de la Nueva York de principios de los años setenta, «Soul Makossa» se convirtió en un inesperado hit desde 1973, hollando un molde que sería luego empleado por muchas de las grandes estrellas de la era post disco: Michael Jackson, A Tribe Called Quest, The Fugees, Rihanna...

Pero por encima de hitos puntuales, la historia del afrodisco es también el relato que une al padre del afrobeat, Fela Kuti, con el gran percusionista Tony Allen en la Nigeria de los años setenta, y que también reflejó su *groove* en la música de Osibisa, repleta de una versátil sensualidad y una imaginería cósmica que no andaba muy lejos de los mejores Earth, Wind & Fire. Todos ellos trabaron una estrecha relación con músicos norteamericanos y europeos, sin perder ni un ápice de su identidad.

De hecho, los sonidos de la música disco africana y de aquella faceta (en cierto modo) cósmica tuvieron una influencia determinante en la configuración de lo que se dio en llamar precisamente la cosmic disco de finales de los setenta: una suerte de derivada de la música disco convencional que gozó de gran arraigo en las discotecas del norte de Italia, con DJs como Daniele Baldelli, Beppe Loda o Claudio Rispoli, y que se desarrolló –mezclando sonidos funk, ritmos africanos y sintetizadores– como una alternativa más *underground* al fenómeno (mucho más comercial) del italodisco. El cosmic disco ha perdurado hasta nuestros días en versión renovada gracias a la labor de músicos escandinavos como Lindstrøm, Todd Terje o Prins Thomas, activos ya en los 2000.

Tony Allen
El corazón del afrobeat
1964

Aunque en los últimos tiempos ha cosechado más espacio en los medios por su participación en ese supergrupo que son The Good, The Bad and The Queen, donde comparte filias con Damon Albarn (Blur), Paul Simonon (The Clash) y Simon Tong (The Verve), o por su inclusión en Rocket Juice and The Moon (junto a Albarn y Flea de los Red Hot Chili Peppers), hay que concederle al veterano Tony Allen el papel de percusionista del afrobeat por excelencia. Este músico nigeriano formó parte de Africa 70, la banda del legendario Fela Kuti, desde 1968 a 1979. Fue a partir de entonces cuando músicos como Brian Eno dijeron de él que era el mejor batería del mundo, hasta el punto de equipararlo a Klaus Dinger (Neu!) o a Clyde Stubblefield (James Brown) como uno de los inventores de todo un sonido: si los dos primeros patentaron el reconocible ritmo del krautrock y del funk, él hizo lo propio con el afrobeat.

A partir de los ochenta se estableció en París, colaboró con Ray Lema, King Sunny Adé y Manu Dibango, y fundió su polirrítmico sentido de la música con otros géneros (hip hop, r'n'b, música disco) dando lugar a lo que se llamó afrofunk o afrodisco. Recopilaciones como *Afro Disco Beat* (2007), a nombre de Tony Allen con Africa 70 y The Afro Messengers (a cargo de la española Munster), dan buena cuenta de ello. En las últimas décadas parece querer desmentir su edad (nació en 1940) con una hiperactividad que sofoca de solo leer su currículo: Sébastien Tellier, Charlotte Gainsbourg, Zap Mama, Moritz Von Oswald, Omou Sangaré o el músico electrónico Jeff Mills se cuentan entre sus puntales aliados. Una leyenda que ni descansa ni vive de rentas.

Manu Dibango
Semilla negra
1968

Aunque solo fuera por la forma en la que Michael Jackson, los Fugees o Rihanna asumieron años más tarde la influencia de su «Soul Makossa» (1972), su canción más conocida, ya sería lógico que este músico camerunés tuviera apartado propio en este libro. Obviamente, su carrera y su relación con la herencia de la música disco, aunque fuera tangencial, gozó de muchos más episodios jugosos, en discos como *Afrovision* (1978), *Waka Juju* (1981) o *Soft and Sweet* (1983), en los que su saxofón comandaba frondosos cruces de funk, afrobeat, lounge y el tradicional sonido Makossa que él mismo contribuyó a popularizar fuera de su país con aquella canción. Colaboró con Fela Kuti, Fania All Stars, Herbie Hancock o Sly & Robbie, entre muchos otros.

Paradójicamente, y tras años enfrentado legalmente a quienes fusilaban «Soul Makossa» sin disimulo desde el ámbito disco (litigó con Michael Jackson y con Rihanna), Manu Dibango se prestó a grabar la enésima toma de la canción con la leyenda eurodisco francesa Marc Cerrone en 2016, con Tony Allen entre los cooperadores, con el nombre de «Funk Makossa». En cierto modo, una forma de cerrar el círculo: una relación con la música disco de ida y vuelta, desde 1972 –en que DJs como David Mancuso, quien había dado con ella casi por casualidad, como cara B de un single editado en Francia, ya la pinchaban en Nueva York– hasta aquel 2016.

Fela Kuti
Padre del afrobeat
1958 – 1997

Aquella febril y bailable mezcla de funk, jazz y cantos y ritmos tradicionales africanos que nació en Nigeria y se le dio en llamar afrobeat, creciendo en paralelo a la emergencia del sonido disco en Norteamérica, tuvo un padre: se llama Fela Kuti, nació en Lagos en 1938 y dejó tras de sí una monumental

estela creativa, cifrada en cerca de una treintena de álbumes, desde finales de los sesenta hasta finales de los noventa.

No hay músico africano más importante que él a lo largo del último siglo. Su figura, tan esencial como la de Bob Marley para entender el reggae o la de Rubén Blades para entender la salsa, ambos también desde una perspectiva que plantaba cara a la inclemente lógica capitalista e imperialista de las grandes potencias occidentales, fué clave para que aquel género cimentara su discurso en aquellos años setenta en los que su formación, Africa 70 (junto a Tony Allen), facturó álbumes como *Kalakuta Show* (1976) o *Zombie* (1977).

Todos ellos probaban que en sus manos también se generaba una nueva dialéctica del baile, que en su caso se combinaba con un acentuado activismo político. En la siguiente década vehiculó su obra a través de una nueva banda, Egypt 80. Sus hijos, Femi Kuti y Sean Kuti, siguieron sus pasos.

Osibisa
Encrucijada rítmica
1969

Teddy Osei, Sol Amarfio, Mac Tontoh, Spartacus R, Robert Bailey, Wendell Richardson y Lasisi Amao integraron la primera formación de Osibisa en 1969, un septeto radicado en Londres pero de procedencia nigeriana, ghanesa, granadina y trinitense. Dotados de una fuerte impronta rítmica, puede decirse de ellos en relación a la música disco que pregonaron una fórmula similar a la de los norteamericanos Earth, Wind and Fire o los hispanolatinoamericanos Barrabás, una amalgama de funk, jazz y sonoridades caribeñas –aunque también fueran metidos en el saco del afrobeat– que en cierto modo puede ser vista como la semilla de lo que luego, en los años ochenta, conoceríamos como la gran eclosión de las músicas del mundo. De hecho su propio nombre, originario de Senya Beraku (Ghana), ya lo explicita: Osibisa significa «cruce de ritmos que estallan de alegría».

Su gran activo residía en esa fusión de raíces africanas y caribeñas. La década de los setenta fue su mejor tramo, con álbumes de referencia como *Woyaya* (1972), *Heads* (1972), *Happy Children* (1973) u *Osibirock* (1974), con aquellas portadas futuristas firmadas por el diseñador Roger Dean (quien también trabajaba para Yes). Como ocurrió con muchos de quienes contribuyeron a forjar las mejores músicas de baile de la segunda mitad de los setenta, para cuando la música disco explotó ellos perdieron exposición mediática. Pero eso no les impidió, con cambios en su formación, prolongar su carrera hasta nuestros días como la institución que son.

The Sahara All Stars
Afrodisco en ebullición
1969

The Sahara All Stars of Jos (1976), el segundo álbum de esta banda de Jos (Nigeria), es uno de los álbumes más representativos de aquella recta final de los setenta en la que muchas formaciones encarnaban allí básicamen-

te lo mismo que las grandes luminarias disco del mundo occidental. «Take Your Soul», uno de sus puntales, da buena cuenta del irrefrenable poderío rítmico, el sentido del *groove* y el nivel de calentura al que hervían sus canciones, reeditadas ya en el presente siglo por Sounds of the Universe, una de las ramas de la discográfica londinense Soul Jazz. Los Sahara All Stars, quienes antes se habían fogueado interpretando reggae y solo editaron dos álbumes, fueron otra de las estupendas formaciones nigerianas que, más allá del universo Fela Kuti, contribuyeron a poner a su país en el mapa de las músicas más fogosas y bailables de finales de los setenta, junto a Orlando Julius, Mixed Grill, Arakatula o el singularísimo William Onyeabor, cuyas sintetizadas canciones siempre estuvieron más cerca de Cerrone o Moroder que del propio Fela Kuti.

3. La cultura

«Es una cultura del delirio, de olvidarse de uno mismo, de salirse por unas horas del tiempo y de la historia. Recurrente en todas las épocas, desde la Grecia clásica, los bailes populares y las fiebres danzantes de la Edad Media... aunque la experiencia misma de bailar devenga un trance para evacuar la mente, hay mucho que pensar y sobre lo que hablar de ello en términos de la experiencia misma y el modo en que es moldeada por el contexto cultural.»

El periodista Simon Reynolds,
en declaraciones a Ignacio Julià para la revista "Ruta 66".

Discotecas y películas. Templos del baile y su reflejo en la gran pantalla. Nos hemos ceñido a esos dos aspectos de la cultura disco por ser los que seguramente encarnan de forma más fiel lo que fue aquel fenómeno, cuyo eco perdura hasta nuestros días.

La recta final de los años setenta fue la que transformó por completo el ocio nocturno, sacralizando aquellos espacios, las discotecas, que no eran ni mucho menos nuevos pero sí cobraron entonces su auténtica dimensión como terreno abonado para que cualquier sueño pudiera hacerse realidad: una vía de escape a la prosaica realidad de la Norteamérica atenazada entre la crisis económica del 73 y la posterior implantación del neoliberalismo que blandía Ronald Reagan. Enormes congregaciones de negros, gais, latinos, italoamericanos y gente de la más diversa ralea se agolpaban al ritmo de la música disco en locales como The Loft, Studio 54, Danceteria, Funhouse, The Sanctuary o Paradise Garage, clubes neoyorquinos que servirían como modelo para casi todas las discotecas que desde entonces se irían abriendo en el mundo occidental. La fiebre se extendió a Chicago, a Detroit, a Miami, a San Francisco y a casi todas las grandes urbes del planeta.

Disc jockeys como Francis Grasso, David Mancuso, Larry Levan, Mark Kamins, John «Jellybean» Benítez, Frankie Knuckles o Arthur Baker cambiarían por completo el concepto de lo que hasta entonces apenas era un selector de canciones y con ellos pasó a ser el molde de todo un maestro de ceremonias. La duración de los temas se alargaba para adaptarse a las nuevas necesidades, algunas canciones se mezclaban, y el DJ se veía obligado a deparar no solo una sucesión de melodías y ritmos sino todo un relato sonoro de cuatro o cinco horas, lo suficientemente intenso como para que el público no desertara.

Todo aquello también se reflejó en películas como *Fiebre del sábado noche* (1977), *¡Por fin es viernes!* (1978), *Roller Boogie* (1979) o *Que no pare la música* (1980). Entre otras, sirvieron para amplificar el estallido disco. No todas fueron –ni mucho menos– grandes obras, pero tanto su valor testimonial como las rutilantes bandas sonoras que las acompañaban fueron esenciales para entender la cultura que subyacía, enconadamente liberadora y emancipadora. Por eso hemos seleccionado cerca de una decena de discotecas emblemáticas y otras tantas películas, entre ellas también algunos documentales que han servido para trazar una panorámica del fenómeno con la perspectiva que da el tiempo, desde una vertiente más analítica.

Las discotecas

Studio 54

(Nueva York, EE.UU., 1977)

Aunque abierta en 1927 como sala de fiestas y reestrenada desde 1988 como teatro y restaurante, esta sala de Manhattan fue el epicentro del fenómeno disco entre 1977 y 1980, la época en la que dio visibilidad al género como ningún otro club, en gran medida gracias a su condición de pasarela de celebridades del momento: Grace Jones, Andy Warhol, Michael Jackson, David Bowie, Rick James o aquella Bianca Jagger que se paseó por su pista a lomos de un caballo para celebrar su cumpleaños (todo un síntoma del ostentoso modelo de la sala) son solo algunos de los personajes famosos del momento que se dejaron caer por sus fastuosas y exclusivas fiestas de aquel rutilante trienio. Los empresarios Steve Rubbell e Ian Schrager obraron el milagro de convertir un local obsoleto en el garito nocturno al que todo el mundo quería acceder. Cuenta la leyenda que hubo incluso gente que intentó colarse a través de sus conductos de aire acondicionado. No es de extrañar, dado que su elitista política de admisión era más que rígida: Nile Rodgers y Bernard Edwards, de Chic, compusieron «Le Freak», uno de sus primeros éxitos, tras serles denegado el acceso en la Nochevieja de 1977. Aquella época concluyó a principios de 1980, cuando tuvo que cerrar en medio de un escándalo financiero, con drogas de por medio. En cualquier caso, tanto para lo muy bueno como para lo muy malo, Studio 54 no había dejado a nadie indiferente. Lo mejor que puede decirse, al fin y al cabo, de un negocio nocturno que además tuvo el sentido de la oportunidad de coincidir con el momento más álgido de la música disco. Ya había hecho historia.

Danceteria
(Nueva York, EE.UU., 1979 – 1986)

La también neoyorquina Danceteria era ese club en el que Sade o Keith Haring podían servirte una copa desde su misma barra, o en cuyo ascensor uno se podía topar con el rapero LL Cool J. Fue uno de los garitos de moda entre una juventud interclasista e interdisciplinar que, por lo general, no podía permitirse los rigores *jet set* de quienes frecuentaban el afamado Studio 54. Sus tres DJs habituales eran Bill Bahlman, Sean Cassette y Mark Kamins. Este último fue quien le dio a una jovencísima Madonna la oportunidad de actuar por primera vez sobre un escenario, el 16 de diciembre de 1982, con su nombre figurando en el cartel de la programación mensual del local justo debajo del de los británicos A Certain Ratio. Ambos habían iniciado una relación sentimental, y él mismo se encargaría de producirle su primer *single*, el contagioso «Everybody» (1982), y de ponerla en contacto con Seymour Stein, el jefe de Sire Records, subsidiaria de Warner. Pero al margen de ser uno de los principales motores de la escena disco neoyorquina en su fase de madurez y de alentar los primeros pasos de una de las grandes es-

trellas de la era post disco (el clip de «Into The Groove» fue grabado allí), Danceteria fue también a partir de entonces una de las salas con mejor programación de conciertos gracias al buen hacer de la sagaz Ruth Polsky, una de las mejores agentes del momento, quien se trajo a New Order, Cyndi Lauper, Duran Duran, Depeche Mode, Soft Cell y muchas otras luminarias británicas de la época, que se habían criado escuchando mucha de la música que habitualmente sonaba entre aquellas cuatro paredes de Manhattan.

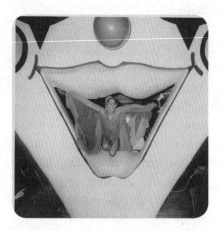

Funhouse
(Nueva York, 1979 – 1985)

Distanciándose por igual del galopante elitismo de Studio 54 y de la espectacularidad de otras fiestas como las que montaba la itinerante Le Clique, en la que acróbatas, *strippers* y shows de *burlesque* proponían una colorida alternativa nocturna muy orientada al público gay, la Funhouse se distinguió siempre por ser una parroquia con menos pretensiones y de extracción más humilde, formada sobre todo por jóvenes italoamericanos y puertorriqueños. Gran parte de culpa la tuvo el ecléctico y desprejuiciado menú musical que cocía su DJ, el insigne John «Jellybean» Benítez (quien acabaría produciendo a Madonna en «Borderline», en 1983), quien se curtió en su cabina tras haber visto la luz divina en las sesiones que Francis Grasso tramaba en The Sanctuary. Otro de los disc jockeys y productores cuyo nombre estuvo ligado durante años a la sala fue Arthur Baker: cuando New Order acudieron a la ciudad a empaparse de su música y su ambiente nocturno en 1983, tanto él como John «Jellybean» Benítez les guiaron por las diferentes estancias de la sala, y estos reflejaron aquellas vivencias en la canción «Confusion»

y en su videoclip, que grabaron allí mismo. De hecho, ya hacía meses que habían auspiciado en Manchester su propio club nocturno: The Haçienda.

The Loft

(Nueva York, 1970)

Lo que comenzó el histórico DJ David Mancuso como una serie de fiestas privadas *underground* a las que había que asistir mediante invitación, a principios de los años setenta, acabó por convertirse en el modelo de discoteca al que cientos de empresarios aspiraban cuando una década más tarde los clubs nocturnos se habían multiplicado como setas. Inaugurando el proyecto en su propio domicilio en Broadway, pronto atrajo a una clientela eminentemente gay e integrada prácticamente en su mitad por gente de raza negra, al fin y al cabo uno de

los principales caldos de cultivo del fenómeno disco, gracias a aquellas fiestas en las que, bajo el lema *Love Saves The Day*, él se preocupaba por alargar la duración de los temas y amoldarlos así a los requerimientos de la pista, en sesiones sin prejuicios. En ese aspecto fue un pionero. En 1975 The Loft se instalaría definitivamente en un local del Soho, y con la ayuda inestimable de Alex Rosner, uno de los primeros técnicos de sonido en instalar mesas de mezclas en la ciudad, elevó el local a referencia absoluta para una serie de disc jockeys que tomaron buena nota de sus enseñanzas, como Frankie Knuckles, François Kevorkian, Larry Levan o David Morales. Se dice que sin The Loft no se entendería la consolidación posterior de salas como Studio 54, Paradise Garage o The Gallery. Mancuso murió en 2016 a los 72 años, dejando tras de sí un seminal e imponente legado.

Paradise Garage

(Nueva York, 1977 – 1987)

Larry Levan fue el sumo sacerdote de este templo de baile neoyorquino, una discoteca de absoluta referencia y enorme proyección, ubicada en lo que fue un antiguo garaje –de ahí su nombre– en el número 84 de King Street, en el Soho. Allí, pertrechado por una estética oscura, muy alejada del caleidoscópico y cegador lustre de la música disco al uso, Le-

van forjó una manera de pinchar que se convirtió prácticamente en una religión, alimentada por un ideal de fraternidad universal en el que las drogas aún jugaban un papel secundario. La recopilación *Larry Levan's Paradise Garage* (1996) es uno de los mejores ejemplos de lo que allí se cocía: clásicos de Loleatta Holloway, Skyy o la Salsoul Orchestra conviviendo en plena armonía, para solaz de un público mayoritariamente negro y con importante porcentaje homosexual. La onda expansiva de aquellas sesiones es enorme. Como muy bien recogía Gerardo Sanz en las páginas del número del año 2000 de la revista *Dancedelux*, hubo quien, como Kevin Hedge (miembro de Blaze, una de las mejores formaciones deep house de la historia) consideraba el Paradise Garage como «un estado mental que llevaré conmigo siempre». François Kevorkian dijo de Levan que fue el responsable de introducir elementos del dub en la música de baile. Sea como fuere, la música disco que allí resonó desde 1977, y su forma de vehicularla, fue esencial a la hora de vaticinar la posterior irrupción del house. De hecho, el local dio nombre a la rama del house que se hizo posteriormente en Nueva York, el garage, ligeramente distinto al originario de Chicago. En el Paradise Garage pincharon también Frankie Knuckles y Nicky Siano. Y Madonna, Chaka

Khan, Luther Vandross o Patti La-
Belle actuaron en directo en su escenario. Al igual que ocurrió con el
Studio 54 hace veinte años, el Paradise Garage tendrá también en breve
su propia película.

The Warehouse
(Chicago, 1977 – 1982)

Lo que sonaba habitualmente en
este club de Chicago al poco de abrir
sus puertas era música disco y funk,
pero durante los años ochenta evo-
lucionó hasta dar nombre a eso que
conocemos como música house, que
al fin y al cabo es el más lustroso de
los hijos bastardos de la música disco. El Warehouse fue en realidad un
invento del promotor Robert Williams, quien se dio cuenta de que
no había en Chicago (entonces la
segunda ciudad de los EE.UU.) ninguna sala que pudiera equipararse
a lo que representaban The Loft o
Studio 54 en Nueva York. Williams
trató de reclutar a Larry Levan, pero
ante la negativa de este a abando-
nar la Gran Manzana por Chicago,
fue uno de sus discípulos, Frankie
Knuckles, quien aceptó el reto y se
convirtió en el buque insignia del
Warehouse durante más de un lustro, el que va desde su apertura hasta 1982. Quienes la frecuentaron
la recuerdan como una discoteca
de gran mezcla racial, étnica y de
orientación sexual, en la que Knuckles dio carta de naturaleza al house
como extensión lógica de la música
disco. En 1982 cambió su gerencia,
mutó en The Music Box –con Ron
Hardy como DJ nuevo residente– y
Knuckles abandonó para montar su
propio club, el Power Plant. Frankie Knuckles murió en 2014 a los 59
años, y hasta el matrimonio Obama
le recordó –con cierta nostalgia de

sus años mozos– como una figura clave en la revitalización artística de su ciudad durante los años ochenta, lo que da buena cuenta de la magnitud de su trabajo al frente del emblemático Warehouse.

The Sanctuary
(Nueva York, 1969 – 1973)

Una antigua iglesia bautista luterana, ubicada entre la calle 43 y la avenida 9 del West Side neoyorquino, fue el lugar en el que Francis Grasso sentaría cátedra como uno de los primeros grandes DJs de la era disco y, por ende, de la historia de la música popular. En aquella época, en la que el soul y el funk empezaban a sincoparse y ornamentarse para deparar una versión temprana de lo que sería la música disco, Grasso fue uno de los primeros en utilizar auriculares para sus sesiones, algo que ahora nos puede parecer obvio pero que en aquel momento evidenciaba la necesidad de que el pinchadiscos no fuera un simple selector musical, sino alguien con capacidad para tramar una secuencia sonora en forma de relato, con su apertura, nudo y desenlace bien enhebrados. Grasso inventó así lo que los anglosajones llaman el *beatmatching*, que no es más que el tratar de ensamblar dos canciones sucesivas haciendo que sus ritmos coincidan, de forma que la intensidad de la sesión no varíe. Obviamente, lo hacía sin el *pitch control*,

el control de velocidad variable del que hoy en día dispone cualquiera que disponga de un equipo medianamente rudimentario. Sus sesiones tenían así un cierto componente rompedor para el momento, porque además no le importaba mezclar a Kool & The Gang, Four Tops, Supremes o Temptations con el afrobeat, los ritmos latinos o los Rolling Stones.

Blackpool Mecca
(Blackpool, Reino Unido, 1965 – 1980)

No es por hacer un juego de palabras barato con su propio nombre, pero esta gran discoteca de la localidad costera del norte de Inglaterra fue la meca (junto al Wigan Casino o al Golden Torch de Tunstall) del sonido northern soul, que no fue más que la adopción de incunables del soul norteamericano de los años sesenta, generalmente alejados de la comercialidad que pregonaba la Motown, por parte de la juventud británica de aquel momento, que la acogió como dogma de fe y bailó al son de sus canciones hasta la extenuación en larguísimas bacanales rítmicas, las llamadas *all nighters*. Músicos como Van McCoy, The Four Tops, Gloria Jones, The Trammps, The Exciters, Teddy Pendergrass o The Spinners, entre muchos otros, eran reverenciados en este circuito de discotecas del norte británico, y no necesariamente por sus temas más populares, aquellos que les habían granjeado notoriedad en el ámbito *mainstream*. Uno de sus antiguos DJs, Ian Levine, fue quien introdujo el sonido Hi-NRG en Europa gracias a su trabajo con la vocalista norteamericana Evelyn Thomas a mediados de los ochenta. El del northern soul es un entramado alternativo que preludió, con veinte años de antelación, la misma retroalimentación norteamericano-británica en que se convertiría el house (en su vertiente acid, sobre todo) cuando fue acogido con fervor por la juventud rave británica, y resulta esencial por cuanto configuró una suerte de versión (adelantada a su tiempo) plenamente autóctona del fulgor disco que se extendería ya por medio mundo a finales de los setenta.

Trocadero Transfer
(San Francisco, EE.UU., 1977)

La famosa escalera de cristal que atravesaba varias de las alturas del Trocadero Transfer, desde la que se podía ver a la gente bailar en cualquier rincón, resume gráficamente su poder de atracción: la propia expresión de «escalera de cristal» formaba parte desde hace años del *slang* propio de la comunidad negra y gay de la ciudad, que siempre tuvo en la liberal San Francisco uno de los lugares donde poder expresarse con mayor naturalidad. Ubicada en el barrio de South Market, por sus cabinas pasaron disc jockeys como Patrick Cowley, Michael Whitehead, Robbie Leslie y, sobre todo, Bobby Vitteriti, que fue quien comandó las noches de su era dorada, en 1978 y 1981. Freda Payne, Charo, Chaka Khan, Sylvester, Tavares, The Supremes o Amanda Lear se daban cita en sus sesiones, que con frecuencia se prolongaban hasta las primeras luces del día, y crearon escuela. El local sufrió luego sucesivas transformaciones, y acogió fiestas de aniversario que recordaban aquellos días de esplendor, justo los que coincidieron con el máximo fulgor disco.

Las películas

Fiebre del sábado noche
John Badham (1977)

Sin duda, la película más icónica del género. La más popular y la que más hizo por la difusión de la música disco en todo el mundo. Las peripecias del italoamericano Tony Manero, interpretado por un John Travolta de dulce, en base a una trama cimentada en un relato del histórico cronista rock Nik Cohn, encumbraron la etapa disco de los Bee Gees hasta el punto de que pocos se acuerdan de su estupenda fase previa, cuando emergían como aplicados émulos de los Beatles. La música disco se convirtió en un fenómeno sociocultural, el anhelo juvenil de miles y miles de urbanitas comunes cada fin de semana, y las canciones de Kool & The Gang, KC & The Sunshine Band, The Trammps o Tavares estaban ahí, en su banda sonora, para difundir la jubilosa buena nueva y certificar su irrebatible implantación en el *mainstream*.

Buscando al señor Goodbar
Richard Brooks (1977)

La Nueva York de finales de los años setenta y su aureola de liberación sexual quedó muy bien plasmada en el personaje encarnado por Diane Keaton en esta película de Richard Brooks (basada en la novela de Judith Rossner), en la que compartía reparto con Tom Berenger, Tuesday Weld y un jovencísimo Richard Gere. Lógicamente, su correlato sonoro no podía tener mejores puntales que la Donna Summer de «Try Me, I Know We Can Make It» y «Prelude To Love», la Thelma Houston de «Don't Leave Me This Way», los O' Jays de «Back Stabbers» o la Diana Ross de «Love Hangover», todo un festín de descarada sensualidad disco.

¡Por fin es viernes!
Robert Klane (1978)

Las extenuantes sesiones de baile bajo deslumbrantes luces estroboscópicas, los pantalones acampanados y los zapatos de plataforma, todas y cada una de las señas de identidad de la música disco, fueron plasmadas en películas que escenificaban su fase de subidón, como la hedonista *¡Por fin es viernes!*, aunque aquí la acción se situaba en The Zoo, una discoteca de Los Angeles. Papel especial en su banda sonora para los Commodores de la irresistible «Too Hot To Trot» y protagonismo de los músicos de los sellos Casablanca y Motown, como Donna Summer, Pattie Brooks o Diana Ross. Prácticamente coetánea de *Fiebre del sábado noche*, fue encajada como una aplicada réplica. Y aunque no rompió previsiones como aquella, funcionó estupendamente bien en taquilla.

Roller Boogie
Mark L. Lester (1979)

La estética roller disco de videoclips como los de «A Roller Skating Jam Named Saturdays» (De La Soul, 1991), «Fantasy» (Mariah Carey, 1995) o «Blow» (Beyoncé, 2013) es directamente heredera de esta película, protagonizada por Linda Blair (sí, la misma de *El exorcista*), en la que un puñado de jóvenes de Beverly Hills compiten sobre patines al ritmo del «Boogie Wonderland» de Earth, Wind and Fire y otros rompepistas a cargo de Ron Green, Bob Esty, Johnny Coolrock y hasta Cher, veinte años antes de que le diera por darle cosa fina al vocoder.

Disco Godfather
Robert J. Wagoner (1979)

Facturada en plena resaca blaxploitation (reparto negro, radiografía del trapicheo de la droga), no pasará a la historia del cine precisamente por su calidad (su director no volvió a probar suerte), pero sobresale por una banda sonora que encapsula a la perfección la efervescencia disco funk del momento, espléndidamente representada por Juice People Unlimited, Ernie Fields Jr y Steven Sullivan. «Tan mala que engancha»: es uno de los comentarios de usuarios más habituales sobre la película en internet.

Xanadu
Robert Greenwald (1980)

Fantasía musical a mayor gloria de una Olivia Newton-John en el pico de su popularidad, que vista desde la perspectiva actual puede resultar enternecedoramente naïf, pero en su momento tuvo cierto predicamento, pese a que no fue ni mucho menos un éxito de público ni de crítica. Su banda sonora encarna el punto de mayor brillo sintético (casi chirriante) de la música disco cuando fue acogida por inteligentes advenedizos como Jeff Lynne y su Electric

Light Orchestra, que aquí copan su segunda cara tras un primer tramo capitalizado por la actriz australiana. Demasiada purpurina.

Can't Stop The Music
Nancy Walker (1980)

Si alguna vez la música disco fue colorido, desparrame y desinhibición con su punto hortera, pocos grupos lo representaron mejor que Village People y pocas películas como *Can't Stop The Music* (*Que no pare la música* en su versión traducida al castellano), en la que Jacques Morali y Henri Belolo –los dos cerebros en la sombra del grupo– se erigían en productores de una historia de trazo biográfico que era fiel reflejo de su tiempo, aunque cinematográficamente fuera tan delirantemente mediocre como para inspirar, junto con Xanadu, los Razzies, esos cáusticos premios que se otorgan a los mayores bodrios del año. Plumas, lentejuelas, uniformes y mostachos al por mayor.

Flashdance
Adian Lyne (1983)

El director de *Nueve semanas y media* (1986), *Atracción Fatal* (1987) o *Una proposición indecente* (1993), experto en pulir tramas sumamente comerciales con su punto de morbo, despuntó internacionalmente con esta clásica historia de superación personal en la que Jennifer Beals daba vida a una bailarina de extracción humilde. Tras la banda sonora estaba, cla-

ro, Giorgio Moroder, coautor del arrollador tema principal que cantó Irene Cara, así como algún otro hito de la resaca post disco como el «Maniac» de Michael Sembello, la versión de Paula Branigan del «Gloria» de Umberto Tozzi y el «Romeo» de Donna Summer, con Pete Bellotte en la firma. A la liberación por el baile, aunque el fenómeno disco se hubiera ido diluyendo.

Will You Dance With Me?
Derek Jarman (1984)

Tuvieron que pasar veinte años para que este documental (ya revelado de forma póstuma) del británico Derek Jarman viera la luz. Rareza absoluta en el ámbito de las películas sobre la música de baile, pero fiel documento de su tiempo, retrata el ambiente del Benjy, un club gay de Londres en 1984, en el que su clientela se mueve al ritmo de las canciones de Sister Sledge, Evelyn Thomas o Frankie Goes To Hollywood. Inspiró la estética de videoclips como «Rent» (1987), de los Pet Shop Boys, también dirigidos por Jarman.

Boogie Nights
Paul Thomas Anderson (1997)

Los albores de la industria del cine pornográfico fueron evocados por el siempre brillante Paul Thomas Anderson, con un imponente Mark Wahlberg en el rol protagonista, en una radiografía de los años setenta en la que es lógico que aparecieran canciones como «Machine Gun» de los Commodores, «The Best of my Love» de The Emotions, «Livin' Thing» de la Electric Light Orchestra y la sensacional «Ain't No Stopping Us Now» de McFadden & Whitehead.

The Last Days of Disco
de Whit Stillman (1998)

El director norteamericano Whit Stillman, casi siempre tan envarado como los propios personajes de clase alta cuyas vidas solía reflejar en sus películas de los años noventa, alumbró una convencional puesta en escena de la vida nocturna de la Nueva York de principios de los años ochenta que tuvo, no obstante,

una imponente banda sonora, casi insuperable, formada por clásicos disco de Diana Ross («I'm Coming Out»), Chic («Good Times»), Sister Sledge («He's The Greatest Dancer»), Carol Douglas («Doctor's Orders») o Andrea True Connection («More, More, More, Pt. 1»). El mismo año se estrenaba *Studio 54* (Mark Christopher), cinematográficamente igual de ramplona, y con una banda sonora similar, trufada de canciones de Chic, Diana Ross, Sylvester, Bohannon o Rose Royce. La coincidencia posiblemente se explique por aquello que se dice de los ciclos de veinte años y sus respectivos revivals, que todo lo ponen en perspectiva.

Roll Bounce
Malcolm D. Lee (2005)

Reelaboración moderna del ambiente de las competiciones de patinadores y el fulgor de las roller disco, esta película protagonizada por el rapero Bow Wow y ambientada en el Chicago de 1978 cuenta con una excelente factura visual –no esperen una trama rompedora– y sobre todo con una de las mejores bandas sonoras de los últimos años, rotundamente fabulosa, con el «Pure Gold» y el «Get Down On It» de Earth, Wind & Fire, el «Lovely Day» de Bill Withers, el «Get Off» de Foxy, «Le Freak» de Chic y el «Super Freak» de Rick James. Acción, ritmo y melodías imbatibles. Apuesta segura.

When Disco Ruled The World
de Ben Kaplan (2005)

Documental tremendamente ágil, que se consume con avidez, emitido por la VH1 en 2005 (lógico, teniendo en cuenta que hablamos de una emisora de la MTV, legataria de la cultura del videoclip), y en el que se abordan tanto los aspectos sociológicos (las drogas, la hermandad racial y social, la emancipación sexual, el auge del DJ) como los estrictamente musicales (la propia evolución de la música en sí) en apenas cuarenta minutos sin desperdicio. La miríada de testimonios y de imágenes de archivo es de órdago. Se puede ver entero en Youtube. Sin subtítulos en castellano, pero con aportaciones tan concisas y contundentes que apenas se necesitan.

The Secret Disco Revolution. The Party That Changed The World
Jamie Kastner (2012)

Una de las grandes virtudes de este documental del canadiense Jamie Kastner es que no defrauda a quienes se sientan atraídos por lo que su título insinúa, ya que cuenta con el testimonio de Peter Shapiro, posiblemente el periodista que mejor supo destripar las claves ocultas del género. También la historiadora Alice Echols, quien aporta interesantes puntos de vista acerca de la cuestión de género. El documental supone, al mismo tiempo, una muy valiosa puerta de entrada al fenómeno disco desde el punto de vista de algunos de sus más destacados protagonistas: Thelma Houston, Henri Belolo o Gloria Gaynor, entre muchos otros. Una historia de liberación, tanto de la mujer como del colectivo gay, aunque a mucha gente la parezca increíble. Disponible en Youtube.

4. Los discos

«Dios creó la música disco para que yo pudiera nacer y tener éxito.»
Donna Summer

«La música disco solo es música pop que puedes bailar.»
Sheena Easton

No cabe duda de que el formato de canción, el single que luego se convirtió en maxisingle para responder a los anhelos de quienes poblaban las pistas de baile a finales de los setenta, fue el formato por antonomasia de la primera fase disco. Pero aún asombra rescatar algunos de los álbumes que fermentaron aquella eclosión, así como (más aún) los elepés que pasaron a la historia como estupendas réplicas de aquel sonido, que se iban sofisticando en abigarradas producciones conforme la década de los ochenta avanzaba. La era post disco también deparó extraordinarios discos de larga duración. Es por ello que hemos dividido este apartado en álbumes y en canciones. Estas últimas están recogidas en el mismo orden en el que aparecen en la playlist del libro, cuyo enlace tienen ustedes en la última página del mismo.

Los álbumes

The O'Jays

Back Stabbers (Philadelphia International Records, 1972)

El soul y el funk de la formación nacida en Ohio, entre lo correoso y lo aterciopelado, cobró una nueva dimensión con este magistral cuarto álbum, una de las primeras grandes obras de madurez del sello Philadelphia International, regentado por Kenneth Gamble y Leon Huff, quienes firman aquí –junto a Gene McFadden– gran parte del material. Un disco fundamental además para cimentar la reputación de la discográfica como una de las grandes enseñas de la música negra del mo- mento, abriéndose paso entre los gigantes del norte y del sur, la Motown y la Stax. Vendió la nada desdeñable cifra de 500.000 copias en el año de su edición, con su deslumbrante tema titular como mascarón de proa. Melodías de ensueño, orquestaciones sublimes y textos inteligentes, con «992 Arguments», «Shiftless, Shady, Jealous Kind of People» o «Love Train» en cabeza, en paralelo al inicio de la etapa dorada de los grandes solitas del soul (Mayfield, Gaye, Wonder), como perlas precursoras del esplendor disco que iluminaría al mundo dos o tres años más tarde.

Kool & The Gang
Wild & Peaceful (De-Lite, 1973)

Las sudorosas «Funky Stuff» y «More Funky Stuff», con sus imponentes vientos, ya eran toda una declaración de intenciones: el sentido del ritmo de una apisonadora se imponía a las satinadas cuitas sentimentales que otros compañeros de generación difundían. Y tres cuartos de lo mismo cabe decir de «Jungle Boogie» o «Hollywood Swinging» (todos inspirados por el seminal «Soul Makossa» –1972– de Manu Dibango) o de «This Is You, This Is Me» o «Life Is What You Make It». El cuarto trabajo largo de la banda de Nueva Jersey fue también el de su eclosión comercial, el que pavimentó el camino para su próspera y vasta retahíla de éxitos hasta mediados de los años ochenta. Eso sí, no traten de buscar aquí ninguno de sus grandes singles de éxito posteriores: «Get Down On It», «Celebration» o «Cherish», ya con James «JT» Taylor en la formación, son brillantes destellos de una época en la que sus elepés no eran tan consistentes ni (¿por qué no decirlo?) igual de visionarios.

Marvin Gaye
Let's Get It On (Motown, 1973)

El cerebro o el sexo; la conciencia social o la pulsión lúbrico-amorosa, si es que ambos son disociables: esa es la disyuntiva a la que siempre se han enfrentado quienes se han visto en el brete (innecesariamente masoquista, por supuesto) de tener que elegir entre las dos obras maestras de Marvin Gaye, *What's Goin' On* (1971) y *Let's Get It On* (1973). Si nos tenemos que atener a su influjo sobre la música disco, hemos de quedarnos –inevitablemente– con la segunda de las opciones, aquella majestuosa oda al delirio carnal y la sensualidad que fue *Let's Get It On*. Sentimental a la par que lujurioso, rebosante de *groove* en todos y cada uno de sus ocho cortes, es este el trabajo de madurez de un creador colosal, en estado de gracia. Gestado en plena resaca de la separación de Anna Gordy (su hermano, Berry Gordy, era el capo de Motown), reincide en una emancipación creativa absoluta, incluso desafiante a ojos de quien hasta entonces era su cuñado. Se editó prácticamente al mismo tiempo que el *I've Got So Much To Give* (1973) de Barry White (si bien este tenía mayor influencia del sesgo cinemático de la música de Isaac Hayes), y se trata de un álbum esencial para entender el posterior brote de música disco soul satinada que explotarían Luther Vandross, Teddy Pendergrass e incluso Smokey Robinson.

The Isaac Hayes Movememt

Disco Connection (Hot Buttered Soul, 1975)

Cualquiera que aspire a saber qué es eso de la música disco orquestal, el latido del género en su temprana versión sin palabras, haría bien en agenciarse una copia del octavo elepé de Isaac Hayes, el legendario músico de Memphis que ya se había consagrado ante crítica y público unos años antes con discos tan soberbios como *Hot Buttered Soul* (1969) y –sobre todo– *Shaft* (1971), banda sonora de la película homónima y trabajo modélico como correlato sonoro del fenómeno blaxploitation. Seguramente este *Disco Connection*, ya alumbrado desde su propio sello, no marcase el mejor registro de su autor ni tampoco brindara hits con los que sacudir el mercado, por lo que quedó algo ensombrecido en un momento ya de por sí torrencialmente fértil para Hayes. Pero sí puede decirse, sin duda, que marcó la pauta para todos aquellos músicos que quisieron luego encarar el fenómeno disco desde una visión elegante, suntuosa y eminentemente instrumental.

Gloria Gaynor

Never Can Say Goodbye (MGM, 1975)

El gran mérito del álbum de debut de Gloria Gaynor, al margen de su cualidad intrínseca y de la perdurabilidad de su eterno tema titular, es el de haber sido el primer elepé en la historia de la música disco que se tramó con sus canciones enlazadas y en versiones extendidas, todas sobrepasando los seis minutos de duración, algo que parecía anatema en aquellos tiempos en los que más de tres minutos se consideraba ya un exceso para cualquier canción que tuviera pretensiones de ser radiada. Así fue al menos en su primera cara, gracias a la pericia visionaria del productor Tom Moulton, que enlazó sus tres singles en una jubilosa bacanal rítmica de 19 minutos: la formada por «Honey Bee», «Never Can Say Goodbye» (ya interpretada cuatro años antes por los Jackson 5, y doce después por los Communards) y su versión del «Reach Out, I'll Be There» de los Four Tops. Con ello no hacían más que adaptarse a la ingente necesidad de las discotecas por abastecer a su clientela de composiciones de desarrollos largos, con una rítmica interna propia, que no obedecieran a los tiempos de las canciones pop al uso. No busquen aquí tampoco su sempiterno «I Will Survive». Ni falta que le hace.

Donna Summer

Love To Love You Baby (Casablanca, 1975)

Tras un álbum de debut más que discreto como fue *Lady of the Night* (1974), apenas editado en Holanda, el genio de Donna Summer se destapó definitivamente en este segundo elepé en bendita alianza con Giorgio Moroder y Pete Bellotte. Gran parte de culpa la tuvieron los casi diecisiete minutos del tema titular, piedra angular de la música disco con su impenitente ritmo, su largo desarrollo, sus tórridos arreglos y los gemidos de su intérprete, multiplicando con creces el potencial erótico de lo que Serge Gainsbourg y Jane Birkin habían plasmado con «Je T'Aime Moi Non Plus» siete años antes, y redimensionando –pese a las reticencias previas de la propia Donna Summer– una canción que en su versión primeriza apenas sobrepasaba los tres minutos. «Love To Love You Baby» es una de las primeras y más monumentales suites del género, y fue prohibida en algunas emisoras de radio por su supuesta procacidad. Pero aquel álbum era mucho más que aquella larga canción que ocupaba toda su primera cara: mostraba a una vocalista sumamente versátil, capaz de despachar elegantes baladas como «Full of Emptiness», subyugantes y lujuriosas piezas de rhythm and blues con producción modernizada como «Need-a-Man Blues» y satinadas letanías rebosantes de espiritualidad como la oceánica «Whispering Waves», que bien podría haber sido el patrón para todas y cada una de las maniobras (algunas valiosas, otras muchas inanes) que en nombre del chill out se han

perpetrado en las últimas dos décadas. *Love To Love You Baby* es, sin duda, uno de los primeros pináculos creativos de la entonces emergente música disco.

KC & The Sunshine Band
KC & The Sunshine Band (TK, 1975)
El impresionante segundo álbum de la formación que lideraban dos músicos blancos, Harry Wayne Casey y Richard Finch, fue el que les encumbró definitivamente en la élite disco, merced a un puñado de temas irresistibles que visualizaban claramente la línea de continuidad entre el soul sureño, el funk, el r'n'b y los ritmos que comenzaban a arrasar en las discotecas del momento. Epítome del sonido disco de Florida, cálido y festivo, y del propio sello TK del que fueron su destacada punta de lanza, *KC & The Sunshine Band* tiene argumentos para aburrir: desde esos dos rompepistas que fueron «That's The Way (I Like It)» y «Get Down Tonight» (marcadas por su poderosa sección de vientos), que han pasado por méritos propios a la memoria colectiva de varias generaciones, hasta «Boogie Shoes», «I Get Lifted», «What Makes You Happy» o «I'm So Crazy ('Bout You)». Proyectó además su sombra sobre la omnívora escena hip hop norteamericana de los años noventa: los Digable Planets samplearon a conciencia

el «Ain't Nothing Wrong» en su «Where I'm From» en 1993, y Notorious BIG se apropió de la línea de bajo de «I Get Lifted» para su «Respect» de 1994.

Van McCoy and The Soul City Symphony
Disco Baby (Avco, 1975)

La explosión disco también fue terreno abonado para viejos zorros que ya acumulaban galones trabajando para músicos de postín en la era dorada del soul y del funk, y que supieron reciclarse cuando las discotecas se convertían en ese nuevo ágora en el que todo el mundo, sin importar la raza o condición social, podía sentirse libre y desinhibido por unas horas. Ese fue el caso de Van McCoy, quien venía de producir durante los años sesenta a The Drifters, Gladys Knight & The Pips, Aretha Franklin y Jackie Wilson, y se destapó a mediados de los setenta con un segundo álbum con la Soul City Symphony, en Avco (el sello de los también muy experimentados Hugo & Luigi), en el que mostraba el imponente reciclaje al que había llegado tras años de bagaje: «The Hustle» y «Disco Baby» son dos de las perlas definitorias del género disco, pero en este álbum también sobresalen sus relecturas –en clave eminentemente orquestal– del «Fire» de The Ohio Players, el «Shakey Ground» de The Temptations o el «Doctor's Orders» de Carol Douglas, muestras todas ellas de su ingenio para malear algunos de los mejores argumentos de la música negra hasta convertirlas en excitantes piezas para la pista de baile. Ojo también a los inenarrables monólogos en castellano que salpican la algo tópica «Spanish Boogie». Van McCoy fallecería solo cuatro años más tarde, justo cuando negociaba con el sello una nueva remezcla de «The Hustle», que se publicaría ya a título póstumo.

The Trammps
Disco Inferno (Atlantic, 1976)

Desde su icónica portada hasta su tema titular, que fue incluido un par de años más tarde en la banda sonora de *Fiebre del Sábado Noche* (John Badham, 1977), el cuarto álbum de estos auténticos precursores del sonido disco desde Philadelphia es todo un monumento al fulgor del género. Composiciones de más de seis minutos (en su mayoría) ideadas para la pista, deparando la versión más rítmica y torrencialmente celebratoria del sonido Philly en su vertiente más madurada, con el trío de compositores formado por Ronald Baker, Norman Harris y Earl Young funcionando a pleno rendimiento. Tres auténticos titanes de la producción, los arreglos y la composición. Desde la directa «Disco Inferno» hasta la psicodelia casi astral que se torna en ritmo huracanado de «I Feel Like I've Been Living (On The Dark Side of the Moon)». Ni un segundo de desperdicio tiene este trabajo, capaz de resucitar a un muerto.

George & Gwen McRae
Together (TK, 1976)

«You and I Were Made For Each Other» («Tú y yo fuimos hechos el uno para el otro»): lo cantaban el matrimonio formado por George y Gwen McRae en la segunda canción de este álbum, así que resulta hasta chocante que tan solo un año después de editarlo decidieran separarse. Quizá fuera ese marchamo de efervescencia fugaz, tan inherente también a los días de vino y rosas de la música disco, la inevitable maldición que se cernía sobre esta pareja, que tramó con este *Together* una de la mejores joyas ocultas del género en su fase incipiente. Él venía de saborear las mieles del éxito masivo con el single «Rock Your Baby» (1974), y ella de lograr tres cuartos de lo mismo con «Rockin' Chair» (1975). Y juntos lograron dar con un sensacional trabajo que explicitaba la sensualidad y el sentimentalismo de un estilo que nació hecho para ello, para dar rienda suelta a las pulsiones del corazón y de la carne en canciones irresistibles, que en su caso llegaban avaladas por la excelente escritura de Clarence Reid, fuente de material compositivo para la plana mayor del disco soul y el funk sureños de la época, desde Sam & Dave a KC

& The Sunshine Band. El cimbreo erótico de «Mechanical Body», el desparrame bailable de «Dance, Dance, Dance», la conmovedora declaración de amor de «Winners Together or Losers Apart»... todas y cada una de estas nuevas canciones son un milagro al que conviene volver a honrar de cuando en cuando, aunque solo sea por higiene mental y espiritual. Un trabajo que merece trascender esa condición de mero epítome del sonido disco de Florida que tantas veces se le ha asignado. Afortunadamente, fue reeditado en cedé 2009 por Shout Records, con material extra de las sesiones que lo alumbraron.

Dr. Buzzard's Original Savannah Band
Dr. Buzzard's Original Savannah Band (1976)

Si algo demostraron los singularísimos Dr. Buzzard's Original Savannah Band es que se podía facturar música disco, llegando a su fase de máximo apogeo (desde la ironía postmoderna de ahora hubiera sido más fácil) mientras miraban al futuro pero sin descuidar el retrovisor, y ampliando de paso su radio de acción a un terreno tan poco frecuentado en este contexto como el de las sonoridades latinas y caribeñas. August Darnell y los suyos se marcaron este impresionante debut, atemporal e inimitable, en el que la música disco se daba cita con el calypso, la rumba, el cha cha cha o el swing, introduciendo además el concepto –tan caro de ver en un ámbito disco– de big band. Bendita heterodoxia la suya, no muy reconocida en su momento pero absolutamente imperecedera, siempre presta a sucesivas reevaluaciones en volúmenes enciclopédicos del ramo. Canciones como «Cherchez La Femme/Se Si Bon», «I'll Play the Fool», «Sunshower» o «Hard Times» bien valen el rescate, desde luego.

Giorgio Moroder
From Here To Eternity (Casablanca, 1977)

Un álbum tan adelantado a su tiempo que aún asombra escucharlo detenidamente, más aún si se hace en medio de tantos trabajos emblemáticos de raíz esencialmente negra, como es el caso de este listado. *From Here To Eternity* es el crisol del que nace prácticamente todo el eurodisco: un conglomerado de ritmos marciales –herencia de Kraftwerk y del motorik teutón– , voces vocoderizadas y melodías hedonistas sin el que no se entenderían los posteriores primeros pasos de New Order, Pet Shop Boys, Heaven 17, Gary Numan, Depeche Mode, ABC o Soft Cell, por solo nombrar unos pocos. «En este disco solo se han utilizado teclados electrónicos», rezaba su contraportada. Y a fe que así era. Composiciones como «Faster Than The Speed of Love», «Lost Angeles», «Utopia», «From Here To Eternity» o «Too Hot To Handle» son prueba del talento visionario de Giorgio Moroder y Pete Bellotte. Fue reeditado y remasterizado en 2013, precisamente en el año en el que los franceses Daft Punk reivindicaban a Moroder en su tema «Giorgio By Moroder», en el que el propio músico italogermano colaboraba narrando aspectos de su propia vida.

Earth, Wind and Fire
All' N All (Columbia, 1977)

Posiblemente que elijamos el octavo álbum de Earth, Wind and Fire en este listado no sea del agrado ni de quienes abogan por sus estupendos primeros trabajos de principios de los setenta ni de quienes –es el caso del público mayoritario– les recuerdan esencialmente por grandes singles de éxito de su etapa tardía, tan celebrados como «September» (1978), «Boogie Wonderland» (1979) o «Let's Groove» (1981). Quizá haya quien considere esta etapa terreno de nadie. Pero a la hora de elegir un elepé suyo que actuara como bisagra entre la herencia jazz funk y el apogeo disco, hemos de quedarnos con *All' N All* (1977). También porque, al margen de su rol seminal, es con toda probabilidad su trabajo más completo, aquel en el que abarcan una mayor diversidad de registros: del funk tórrido de «Serpentine

Fire» al influjo tropicalista de «Brazilian Rhyme (Beijo)» –cifrada en la influencia de un viaje de un mes de Maurice White por Brasil y Argentina, y sampleada por Grandmaster Flash and the Furious Five en los ochenta y por The Fugees en los noventa– pasando por el disco funk de «Jupiter» o «Magic Mind», el disco soul de «Fantasy», las tres espléndidas baladas que son «Love's Holiday», «I'll Write a Song For You» y «Be Ever Wonderful» o la abigarrada «Runnin'», muy en la línea del Stevie Wonder de *Songs In The Key of Life* (1976). Philip Bailey iba ganando cada vez más protagonismo en la formación que comandaba Maurice White con mano firme, a cargo de nuevo de la producción. Una indiscutible obra magna.

Cerrone
Supernature. Cerrone 3 (Malligator, 1977)
El francés Marc Cerrone trocó (al menos en parte) el hedonismo de sus dos anteriores entregas, *Love in C Minor* (1976) y *Cerrone's Paradise* (1977), por el conceptualismo sombrío de *Supernature. Cerrone 3* (1977), un álbum prácticamente instrumental que alertaba sobre los excesos a los que nos podía conducir el progreso científico, y lo hacía paradójicamente ahondando en sonoridades que lindaban con el género de la ciencia ficción. Con él se reafirmó

en su papel de talento visionario del sonido disco europeo, junto a Giorgio Moroder. Y pulió otra piedra rosetta del sonido eurodisco, esencial también como patrón al que se acercarían muchas formaciones galas de pop electrónico espacial a partir de los años noventa, como fue el caso de Air o –en ocasiones– Sebastien Tellier. Su creador aún la explota en directos como el que le acercó al Sónar de 2017, con vocalistas de refuerzo mientras él supervisa la puesta en escena desde su batería. Su media hora larga, apenas seis composiciones, es una rutilante muestra de space disco en su expresión aún virginal. Disco seminal donde los haya.

VV.AA
Saturday Night Fever (RSO, 1977)
Seguramente ningún otro álbum haya hecho más por la popularización de la música disco alrededor del globo que la banda sonora del blockbuster *Fiebre del Sábado Noche* (John Badham, 1977). 45 millones de copias despachadas y su permanencia en las listas norteamericanas desde enero de 1978 hasta marzo de 1980 explican su fama transversal. Quienes capitalizaron como nadie su fulgor comercial fueron los Bee Gees, obviamente, representados por «Stayin' Alive», «How Deep Is Your Love», «Night Fever», «More Than a Woman» (también interpretada por Tavares en su minutaje)

y «You Should Be Dancing», que prestaron gustosamente a Robert Stigwood para ilustrar una película basada en un relato de Nik Cohn, y a cuya banda sonora no estaban destinados: John Avildsen, quien la iba a dirigir, no estaba por la labor. Pero sí John Badham, quien finalmente la llevó a buen puerto. El resto de músicos también son historia, consumando una auténtica bacanal rítmica y hedonista: Kool and the Gang con «Open Sesame», KC and the Sunshine Band con «Boogie Shoes», The Trammps con «Disco Inferno», David Shire con «Manhattan Skyline» o la MFSB con «K-Jee», todos a mayor gloria de Tony Manero y sus tribulaciones en las pistas de baile neoyorquinas.

Chic
C'est Chic (Atlantic, 1978)

Habrán advertido que un buen porcentaje de los álbumes incluidos en este listado, así como en el resto de este libro, son o bien precursores de la gran eclosión disco o bien consecuencias más o menos directas de este, réplicas en el tiempo de aquel seísmo que se extendió por todo el mundo. Pues bien, el segundo largo de Chic es de los pocos –quizá el único, por fecha exacta de edición y por sus hechuras– que se sitúa en el epicentro justo del género, en su punto de máxima ebullición y respondiendo punto por punto a todas

y cada una de las características más acendradas del estilo. *C'est Chic* es el álbum de música disco por antonomasia: ocupa un lugar en el podio de la mejor música del género, algo que nadie podrá nunca discutirle. Son Nile Rodgers y Bernard Edwards en absoluto estado de gracia, espléndidamente secundados por los vocalistas Alfa Anderson, Luther Vandross, Diva Gray y David Lasley, en un trabajo que es un prodigio de ritmo, elegancia, sensualidad y *joie de vivre*. «Le Freak» y «I Want Your Love» fueron sus dos grandes himnos, pero por debajo de ellos también burbujeaba la irresistible pujanza de «Dance, Dance, Dance», «Everybody Dance» o «Happy Man», así como aquellas dos satinadas baladas que fueron «Savoir Faire» y «At Last I Am Free», perfectamente aptas para ser encajadas como refinadísimas muestras de esa especie de subgénero que en EE.UU. se dio en llamar *quiet storm* (en honor al álbum *Quiet Storm* de Smokey Robinson, de 1976). Vendió más de un millón de copias en todo el mundo, elevando a Chic al olimpo de la mejor música de baile.

The Jacksons
Destiny (Epic, 1978)

Quizá el brillo del que fuera el posterior debut en solitario de Michael Jackson, el fabuloso *Off The Wall* (1979), tenga la culpa de que este formidable tercer trabajo de los cinco hermanos (bueno, aquí son cuatro en la portada) tras su etapa adolescente en la Motown haya pasado a la historia con relativa oscuridad. No había motivos para ello, claro. Porque su saldo es sensacional: desde el arrebato de la jovial «Blame It On The Boogie» hasta el *groove* de la serena «That's What You Get (For Being Polite)», pasando por barbaridades como «Shake Your Body (Down To The Ground)», sacudidas como «All Night Dancin'» o «Things I Do For You» y tremendas baladas como «Push Me Away» o «Bless His Soul». Tan lejos de Berry Gordy (quien alentó su carrera como los Jackson 5) como de Gamble y Huff (con quienes pulieron sus dos primeros trabajos como The Jacksons), la formación que integraban Michael, Randy, Marlon, Tito y Jackie volaba libre –aunque gran parte de esa altura de vuelo responda a la casi definitiva explosión de Michael como artista– y certificaba, por si hacía alguna falta, que la línea de continuidad entre soul, funk y música disco era un hecho consumado. Su propia trayectoria la había plasmado.

Sister Sledge
We Are Family (Cotillion, 1979)

En más de una ocasión ha afirmado Nile Rodgers que, de todos los trabajos en los que tanto la suya como la firma de Bernard Edwards estuvieron presentes (al margen de Chic), ya fuera en tareas de producción o composición –o ambas–, el tercer álbum de Sister Sledge es con diferencia el mejor. De hecho, esto bien podría haber sido un disco más de Chic, con el protagonismo añadido de sus cuatro vocalistas. Son Rodgers y Edwards en estado puro, aupados en la cresta de la ola de su excepcional *C'est Chic* (1978), y rayando a una altura estratosférica. Hay aquí cuatro canciones que por sí mismas ya justifican el molde catedralicio: «He's The Greatest Dancer», «Lost In Music», «Thinking Of You» y «We Are Family», versionadas, sampleadas y rescatadas hasta el hartazgo. La última, pináculo de su discografía, reviviendo desde los años noventa gracias a su adopción como himno de emancipación gay. Un póker absolutamente imbatible, la mejor mano ganadora de esa música disco hecha para bailar casi en chaqué que facturaba el tándem neoyorquino, con Nile Rodgers haciendo auténtico encaje de bolillos con su guitarra. Pero había más. Tampoco conviene desdeñar las aterciopeladas «Easier To Love», «One More Time» o aquella «Somebody Loves Me» que es prácticamente la única que delata el pedigrí philly de las tres hermanas de Pennsylvania, un tema que perfectamente podría haber llevado la rúbrica (por sus hechuras) de Thom Bell o de Gamble & Huff. *We Are Family* es otro de esos discos definitivos que se sitúan en la misma cúspide de la música disco.

Juan Carlos Calderón
Disco (CBS, 1979)

La única aparición hispana en este listado de los mejores álbumes de la música disco viene justificada por el excepcional trabajo de Juan Carlos Calderón, músico polivalente y experimentado donde los haya, que sintetizó de forma muy elegante el fulgor disco del momento, y lo hizo con el mérito añadido de estar en un país al que con frecuencia los fenómenos musicales del contexto internacional llegaban inusualmente tarde o ya desvirtuados. En aquella España que andaba quitándose aún las legañas de casi cuatro décadas de dictadura, el compositor cántabro tuvo la pericia de formular un vademécum de música disco que es objeto de creciente reivindicación, desde el ámbito de los completistas más irredentos, el de los espeleólogos de tesoros ocultos de nuestra historia e incluso desde bandas contemporáneas como Fundación Tony Manero, quienes no dudan en recordar su valor esencial. *Disco* es un espléndido y versátil álbum de música disco instrumental, tan atenta a la tradición como al presente de aquel momento, que apenas tiene nada que envidiar a cualquier otra obra foránea de referencia del género, por mucho que no representara –en el saldo global de su carrera– más que una de las muchas vetas sonoras en las que indagó su autor, formado en el jazz y luego ducho en lidiar con el pop y la canción de autor en sus múltiples formas, como uno de los mejores escritores de la historia de la música popular en España. Son solo seis canciones, pero qué seis canciones.

Michael Jackson
Off The Wall (Epic, 1979)

Si hubiera que elegir el mejor álbum de Michael Jackson (que no el más exitoso, ahí el podio es indiscutiblemente para *Thriller*, de 1982), habría seguramente que recurrir a la photo finish para dilucidar entre este y su continuación. Los veinte millones de copias vendidas de este –una barbaridad, se mire como se mire– han de palidecer inevitablemente ante los 66 millones de su sucesor. Pero de lo que no cabe duda es que *Off The Wall* es el que con más determinación abraza el alborozo y la irrefrenable sinestesia de la mejor música disco. De hecho, es un auténtico monumento al género, con sus arreglos de cuerda, su frenético sentido del ritmo, sus frondosas melodías y ese trabajo de producción marca de la casa Quincy Jones. Lo miren por donde lo miren: «Don't Stop Til' You Get Enough», «Rock With You», «Get On The Floor»,

«Off The Wall», «Burn This Disco Out»... tan solo el último tramo del disco baja un poco el ritmo para ahondar en su ya consumada faceta baladista, pero en cualquier caso la orgía de ritmos ya estaba consumada con una secuencia de canciones por las que cualquier otro músico mataría. De hecho, su sombra es alargadísima: Usher, Justin Timberlake, Missy Elliott, Beyoncé o casi todo lo que produjeron The Neptunes en el primer tramo de la década de los 2000 han tenido alguna vez una deuda flagrante con este imbatible álbum.

James Brown

The Original Disco Man (Polydor, 1979)

El padrino del funk también tuvo su bautismo de fuego en las aguas de un género cuyos contornos había contribuido a perfilar. Por algo el título ya da buena muestra de su ascendiente, con su sempiterna arrogancia. Contó para ello con un equipo de ensueño: la producción de Brad Shapiro (histórico supervisor de discos de Wilson Pickett, Bettye Lavette, Sam & Dave o Millie Jackson), el bajista David Hood (histórico de Muscle Shoals, con un currículo en el que figuran colaboraciones con Etta James, Percy Sledge o Irma Thomas) y el batería Roger Hawkins (tres cuartos de lo mismo:

secuaz de Traffic, Percy Sledge, Aretha Franklin y otros grandes del soul sureño). El resultado es un álbum que bascula entre el descarado arrebato para la pista de baile (las gloriosas «It's Too Funk In Here», «Star Generation» y –en menor medida– «The Original Disco Man») y la abrasión a fuego lento de un soul sureño sin fecha de consumo preferente («Let The Boogie Do The Rest», «Still», «Love Me Tender»). En cualquier caso, validando la vigencia de James Brown en un tiempo en el que, como les ocurrió a muchos de sus coetáneos, bien podría haber sido superado por las modas.

Grace Jones

Warm Leatherette (Island, 1980)

Hay que alabarle a Chris Blackwell (jefe del sello Island) el ojo que tuvo a la hora de reclutar a la pantera de ébano, ya entonces una popular cantante y modelo con tres discretos álbumes en territorio disco, para llevársela a los estudios Compass Point de las Bahamas y pulir una operación renove que la convertiría en una de las indiscutibles figuras femeninas del género. No cabe entender este álbum, lo avanzamos ya, sin la magnificencia de su sucesor, el inapelable *Nightclubbing* (1981), con canciones tan imperiales como «Pull Up To The Bumper». Pero nos hemos decantado aquí por la versión primeriza de su reconversión, cuando sorprendió a todo el mundo acercando a las claves de la música disco un puñado de composiciones de lo más diversas, unificadas gracias a su desbordante carisma y personalidad: el post punk irreverente del tema titular que había firmado Daniel Miller, el cimbreo reggae del «Private Life» de Chrissie Hynde (quien reconoció que es así como debería haber sonado desde un principio), los sofisticados resabios glam de los Roxy Music de «Love Is The Drug», el *groove* de Smokey Robinson en «The Hunter Gets Captured By The Game» o el Tom Petty más insinuante de «Breakdown»... todos ensamblados como si fueran parte, milagrosamente, del mismo lenguaje. *Warm Leatherette* invistió con todos los honores a una de las grandes divas disco del momento.

Diana Ross
Diana (Motown, 1980)

Justo cuando el fenómeno disco estaba a punto de empezar a desinflarse, y quien había sido una de las grandes estrellas de la Motown estaba a punto también de perder aquel tren para subirse a él en las últimas paradas de su trayecto, llegaron de nuevo Nile Rodgers y Bernard Edwards y lograron que Diana Ross inscribiera su nombre con letras doradas en los anales del género. Para entonces, su carrera estaba sumida en cierta irre-

levancia, tras el fiasco de *The Wiz* (1978). Pero este álbum fue la jugada maestra que revitalizó su carrera, vendiendo más de nueve millones de copias, su mayor cifra nunca lograda en solitario. Lo cierto es que no fue precisamente fácil: las mezclas iniciales que habían hecho Chic no fueron del gusto de la discográfica ni de la propia artista, y se le encomendó a Russ Terrana (ingeniero de sonido de la casa) que las remezclara, sin conocimiento de Rodgers y Edwards, ante lo que estos a punto estuvieron de pedir no aparecer en los créditos finales. Sea como fuere, con más o menos arreglos de cuerda, con mayor o menor tempo o con la voz de Diana más o menos soterrada bajo los instrumentos, *Diana* no deja de ser una obra maestra, con canciones incontestablemente vitalistas como «Upside Down» (su gran single), «Tenderness», «I'm Coming Out», «Have Fun (Again)» o «Give Up».

Prince
Dirty Mind (Warner, 1980)

Facturó álbumes más definitivos, claro. Pero ningún otro trabajo del pequeño genio de Minneapolis sintonizó de forma más clara con los efluvios de la música disco que esta magistral vuelta de tuerca que propinó a su carrera, justo cuando comenzaban aquellos años ochenta durante los que –más allá de cifras– reinó sin discusión, prácticamente a obra maestra por año, algo solo al alcance de su enorme talento. Grabó este tercer elepé en su propio estudio, convertido en dominador absoluto de todos los resortes de la pecera y de todo el instrumental que tuviera a su alcance. Prince era ya entonces un músico total, pero aún así sorprende la habilidad con la que somatiza enseñanzas previas en un puñado de canciones que noquean desde la primera a la última. Del funk androide de «Dirty Mind» al erotizante de «Do It All Night» (su título no necesita explicación), pasando por la sentida balada que es «Gotta Broken Heart», la deliciosa perla de new wave sintética que es «When You Were Mine» y, sobre todo, las tres canciones que comulgan de forma más evidente con la desafiante adherencia de la mejor música disco: «Head» (oda al sexo oral), «Party Up» y la bárbara «Uptown». *Dirty Mind*, en esencia, prefigura como ningún otro elepé los derroteros por los que luego se moverían los grandes trabajos de la era post disco (Madonna, Janet Jackson).

Madonna
Like a Virgin (Sire/Warner, 1984)

Un álbum prodigioso, se mire desde el ángulo que se mire. De nuevo aparece –cómo no– Nile Rodgers (Chic) a la coproducción (junto a Stephen Bray), elegido tras el brillante trabajo que había llevado a cabo un año

antes en el *Let's Dance* (1983) de David Bowie. Sus dos compañeros en Chic, Bernard Edwards al bajo y Tony Thompson a la batería, también se apuntaron al festín. Todos los hados se conjuraron para que *Like a Virgin* fuera un auténtico seísmo en la escena pop internacional: un rosario de canciones irresistibles y extraordinariamente pulidas en los estudios Power Station de Nueva York como «Angel», «Pretender», «Dress You Up», «Like a Virgin» o «Material Girl», un listado en el que no flaquea ni una, y unos videoclips impactantes que levantaron ampollas entre el rampante conservadurismo yanqui de la época (con la provocativa novia de «Like a Virgin» y la fría y calculadora *impersonator* de Marilyn Monroe de «Material girl» a la cabeza), una mastodóntica gira norteamericana y el estreno de su primera película, *Buscando a Susan Desesperadamente*, de Susan Seidelman, con el magnífico sencillo «Into The Groove» como estilete comercial. Todo el bagaje acumulado por Madonna frecuentando el underground neoyorquino y discotecas como Danceteria, que fue su primer trampolín a la notoriedad, cristalizó en un disco definitivo.

Janet Jackson
Control (A&M, 1986)

Desligándose de la pesada sombra de su padre (y del resto del clan familiar) y en plena resaca de su divorcio del cantante James DeBarge, Janet Jackson despachó un extraordinario tercer álbum que supuso un paso de gigante en su carrera, volando a mucha distancia de sus dos tímidos primeros trabajos. *Control* es, además, considerado el kilómetro cero de lo que luego se daría en llamar new jack swing: el estilo del que bebieron luego el Isaac Hayes de *Love Attack* (1988), los Earth, Wind and Fire de *Heritage* (1990) o la Phillis Hyman de *Prime of Life* (1991), justo en el momento en el que Bobby Brown ya lo había convertido en el ritmo de moda en medio mundo. Todos esos álbumes son, en cierto modo, deudores de este *Control*, una auténtica orgía de funk sincopado, r'n'b zalamero y soul casi futurista, que se anticipaba a muchas de las corrientes que triunfarían en la música de consumo a finales de la década a través de canciones inapelables como «When I Think Of You», «Nasty» o «What Have You Done For Me Lately», todas bajo el espléndido trabajo de producción de Jimmy Jam y Terry Lewis. Una espléndida réplica tardía a la eclosión de la música disco, de sonido –no obstante– innovador, que vendería (más que merecidamente) diez millones de copias y convertiría a Janet en una estrella de primer orden, sin que ni siquiera la enorme sombra de su hermano Michael pudiera oscurecerla.

Deee-Lite
World Cliqué (Elektra, 1990)

Su colorista imagen, quizá demasiado ligada a ciertos estereotipos de la era disco (zapatos de plataforma, peinados imposibles, indumentaria chillona) y el éxito planetario de la sensacional «Groove Is In The Heart» son los árboles que no deberían impedir ver el bosque: el trío formado por Towa Tei, Lady Miss Kier y DJ Dmitry fue una de las más formidables máquinas de música de baile de la segunda mitad de los ochenta y primera de los noventa. Tres pedazos de músicos, con el añadido del enorme carisma escénico de su vocalista, que despacharon una de las mejores reformulaciones posibles de la música disco adaptándola a los tiempos que corrían, con la adición de influencias del house, del hip hop, de la cultura del sampler y de la electrónica anterior al estallido rave. Si a todo ello le sumamos una nómina de colaboradores de auténtico órdago, con Q-Tip (A Tribe Called Quest) y un epatante plantel de instrumentistas que en su momento habían sido secuaces de James Brown y de Parliament/Funkadelic –como Bootsy Collins, Fred Wesley y Maceo Parker–, lo que tenemos es una pequeña obra magna.

ABBA

Gold. Greatest Hits (Polygram, 1992)

Que este álbum recopilatorio llegara a vender más de treinta millones de copias una década después de la disolución de ABBA es la prueba de la perdurabilidad de su cancionero entre varias generaciones. Los indiscutibles reyes (que no inventores, ni mucho menos) del sonido disco a la europea han sido objeto de periódica revisión, siempre al alza, ya sea mediante incontables musicales, películas y discos recopilatorios. De entre todos ellos, este *Gold. Greatest Hits* es el más completo porque brinda lo esencial: «Dancing Queen», «Take a Chance on Me», «Mamma Mia», «Super Trouper», «Money, Money, Money», «Voulez-Vous», «Waterloo» o «Gimme! Gimme! Gimme! (A Man after Midnight)» (años más tarde vampirizada por Madonna) son algunos de los argumentos más bailables de un cuarteto tocado por la varita de una inspiración suprema, nacido para triunfar sin reservas merced a su forma de combinar influjos del eurodisco, de la tradición eurovisiva y de los grandes musicales de edad dorada de Broadway.

Daft Punk

Discovery (Virgin, 2001)

Si hay algún momento en el que Daft Punk se acercaron con claridad meridiana al legado de la mejor música disco fue con su segundo álbum, este *Discovery*. El tándem formado por Thomas Bangalter y Guy-Manuel de Homem-Christo, inteligentísimos recicladores de hallazgos ajenos, sublimó con este disco más de un lustro del cacareado *french touch* mediante catorce espléndidas andanadas dirigidas a la pista de baile, en las que se combinaba el sonido disco, el eurodisco, el legado house, el r'n'b moderno y la estética de la ciencia ficción e incluso del manga japonés (en alguno de sus clips). Un disco del que Cerrone, Giorgio Moroder, Chic o Frankie Knuckles estarían más que orgullosos. «One More Time», «Digital Love», «Something About Us», «Voyager» o «Veridis Quo» son las que evidencian de forma más explícita ese cordón umbilical que las une a la mejor tradición de la música de baile de todos los tiempos, pese a que en el posterior *Random Access Memories* (2013) explotaran de una forma más palpable –también más puntual y epidérmica– su conexión con Moroder.

Las canciones

The O'Jays
«Love Train» (1972)

La factoría Gamble & Huff de Philadelphia funcionando ya a pleno rendimiento, con el soporte instrumental de la MFSB (Mother Father Sister Brother) poniendo los cimientos de lo que sería unos años después el gran estallido de la música disco. Un jubiloso cierre a uno de los mejores álbumes de la época, el fabuloso *Back Stabbers* (1972). Uno de los primeros grandes éxitos de la factoría, avalado años más tarde por innumerables versiones.

MFSB
«Love Is The Message» (1973)

Ornamentaciones fastuosas, frondosidad instrumental, sentido del ritmo, líneas melódicas cálidas y sensuales... todos los ingredientes del sonido Philly están bien presentes en esta canción totémica, puente de oro entre la tradición soul funk y la música disco, incluida en el mismo álbum que «The Sound of Philadelphia», que fue escogida como sintonía del programa televisivo que escenificaba la efervescencia del momento, *Soul Train*.

Barry White
«Can't Get Enough of Your Love, Babe» (1974)

El trazo sentimental e incluso lúbrico del mejor disco soul de etiqueta, aquella música disco de alcoba, ideal para ambientar cualquier cita señalada, lo avanzaba ya Barry White con su voz de barítono en un primer tramo de los setenta en el que frecuentó algunas cumbres. Entre ellas esta, años más tarde versionada con aplicado mimetismo por Taylor Dayne en 1993 y con genial e irreverente fogosidad por los Afghan Whigs en 1996.

George McRae
«Rock Your Baby» (1974)

Temprano –y nunca igualado por él mismo– bombazo comercial el que nos deparó George McRae con esta cimbreante y luminosa canción escrita por Harry Casey y Richard Finch, de KC and the Sunshine Band. Disco soul con denominación de origen Florida, sustentado sobre una simple caja de ritmos y un falsete irresistible. ABBA confesaron haber tomado buena nota luego para componer su «Dancing Queen».

Carl Douglas

«Kung Fu Fighting» (1974)

La fiebre por las películas y las series de artes marciales (Bruce Lee, Kung Fu) se contagió al temprano imaginario disco de la época en canciones como esta, vitalista e inesperado éxito del *one hit wonder* jamaicano Carl Douglas, que inicialmente estaba destinado a no pasar de una cara B y acabó despachando millones de copias. Su recuperación en películas de toda clase ha hecho de ella una de esas canciones que nunca pasan de moda, marcadas por su perenne liviandad.

Gloria Gaynor

«Never Can Say Goodbye» (1974)

Escrita por Clifton Davis para alimentar el repertorio de The Supremes, y más tarde adjudicada a los Jackson 5 por deseo expreso de Berry Gordy, jefe de Motown, es esta una canción cuyo tránsito de mano en mano explica por sí mismo el devenir de la música disco: inicialmente registrada por los hermanos Jackson en 1970, elevada a himno para la pista de baile con esta versión de Gloria Gaynor en 1974 y transformada en pelotazo Hi-NRG en 1987 a manos de The Communards. Vibrante.

Labelle

«Lady Marmalade» (1975)

Fabuloso arrebato de procacidad –quizá haya más gente que la conozca por la frase de su estribillo, aquel «Voulez-Vous Coucher Avec Moi (ce soir)?», que por su propio título– cocido en la húmeda Nueva Orleans (produce Allen Toussaint), escrito por Bob Crewe y Kenny Nolan e inspirado en las correrías de una prostituta de la ciudad. El trío formado por Patti Labelle, Nona Hendryx y Sara Dash la elevó a los altares de la música disco en plena fase de ebullición. Sus muchas versiones posteriores, incluida la de la película *Moulin Rouge* (2001), no han hecho más que revitalizarla.

Van McCoy and The Soul City Symphony

«The Hustle» (1975)

Directamente inspirada en una forma de bailar (con reminiscencias del mambo y de la salsa) que hacía furor en algunas discotecas de Nueva York, la compusieron Hugo Peretti y Luigi Creatore para que Van McCoy y la brillante Soul City Symphony hicieran de ella el mejor tema instrumental de 1975, acreditada con el Grammy en la categoría. El propio McCoy planificaba reeditar su contagioso vitalismo con una nueva remezcla, que tuvo que ver la luz justo después de su temprana muerte en 1979.

Donna Summer

«Love To Love You Baby» (1975)

Absoluto punto y aparte el que marcó esta sensacional producción de

Giorgio Moroder y Pete Bellotte. En primer lugar, por ser uno de los primeros singles editados en versión extendida de diecisiete minutos, adaptando su duración a las necesidades de las sesiones de la época. Y en segunda y primordial instancia, por el rompedor rescate del canon del «Je T'aime... Moi Non Plus» de Serge Gainsbourg y Jane Birkin adaptado a la ortografía disco, tallado como un goce sensorial en el que los gemidos de placer de Donna Summer marcaron una nueva cota. Kilómetro cero de muchas cosas.

KC & The Sunshine Band
«That's The Way (I Like It)» (1975)

Otra canción que hacía de la flagrante insinuación sexual (no tan descarnadamente abierta como la de Donna Summer) uno de sus leit motiv, y que se erigió en punta de lanza del sonido disco de Florida, tan bien alimentado por la inagotable factoría de Harry Casey y Richard Finch, que brilla con especial fuerza en su segundo álbum. Es también uno de los himnos disco con más adaptaciones extrañas: ha sido releído desde el post punk (Dead or Alive) hasta el funk rock (Spin Doctors), pasando por el eurodisco (Giorgio Moroder) o el post hardcore (Trenchmouth).

Silver Convention
«Get Up and Boogie» (1975)

Fue precisamente un tema de los alemanes Silver Convention, el célebre «Fly, Robyn, Fly», el que desbancó al «That's The Way (I Like It)» de KC & The Sunshine Band de los primeros puestos de las listas de éxitos internacionales, pero hemos preferido apostar aquí por otro de sus éxitos, el «Get Up and Boogie» que daba título a su segundo álbum y ratificaba la habilidad de Sylvester Levay y Michael Kunze para despachar tempranas muestras de eurodisco orquestal.

Diana Ross
«Love Hangover» (1976)

Sensacional pieza de música disco exuberante firmada por Marilyn McLeod y Pam Sawyer, que se alineaba en la ola de sensualidad de algunos de los éxitos del género por aquel entonces, realzada por su hipnotizante línea de bajo, la elegancia de su sección de cuerdas, su burbujeante desarrollo final (excepcional su cambio de ritmo a mitad) y el magistral arrullo de la diva de la Motown, en la que fue su primera gran incursión en territorio disco. Absolutamente irresistible.

The Trammps
«Disco Inferno» (1976)

Su popularidad repuntó gracias a su inclusión en la banda sonora de *Fiebre del Sábado Noche* (1977), pero en realidad las virtudes de esta alborozada oda al fulgor de la pista de baile, compuesta por Leroy Green y Ron Mersey, no deberían haber necesitado rescate cinematográfico alguno. Como grandes tapados del fermento disco que iba sedimentando desde Philadelphia, The Trammps fueron tan copartícipes como el que más de la gran eclosión del estilo.

Rose Royce
«Car Wash» (1976)

Estimulante aldabonazo de música disco correosa, cortesía del gran Norman Whitfield, uno de los históricos firmantes de parte del mejor repertorio de la Motown cuando se empapaba de cierta esencia psicodélica (últimos sesenta y primeros setenta), en esta ocasión al servicio del mayor éxito de los angelinos Rose Royce. Vendió dos millones de copias y fue adaptada al nuevo siglo por Missy Elliot y Christina Aguilera, en 2004.

Thelma Houston
«Don't Leave Me This Way» (1976)

¿Se puede componer una canción jubilosa y bailable en torno a una súplica para espantar el abandono sentimental? La respuesta, para Gamble y Huff, que fueron quienes escribieron esta canción, es rotundamente afirmativa. La estrenaron Harold Melvin and The Bluenotes en 1975, pero un año más tarde fue Thelma Houston quien recogió el guante –inicialmente destinado a Diana Ross como prolongación disco de su «Love Hangover»– para convertirla en un imperecedero himno para la pista de baile. Y convertida ya en enseña de la lucha de la comunidad gay contra la pandemia del SIDA, los Communards la reelaboraron en los años ochenta.

Tavares
«Heaven Must Be Missing an Angel» (1976)

Grandiosa composición firmada por Freddie Perren, quien se había curtido en la Motown y abasteció a los hermanos Tavares (secundarios de lujo en el relato de la mejor música disco) de un zurrón de buenas canciones para su álbum *Sky High* (1976), que es la que la acuñó. Su impacto internacionalizó la popularidad del quinteto originario de Cabo Verde. Un tema a degustar en sus dos partes enlazadas, de tres minutos y pico cada una. Pura alegría de vivir.

Cerrone
«Love in C Minor» (1976)

En su versión larga, «Love in C Minor» es una deliciosa escalada de cuerdas, vientos y teclados que se prolonga durante más de un cuarto de hora, ocupando una cara entera del álbum homónimo (de polémica portada: hoy sería severamente juzgada por los guardianes de la corrección política) y que discurre jalonada por sugerentes voces femeninas, entre acelerones, recesos y reprises. También recomendable es su mezcla en corto, de algo más de cuatro minutos. Piedra angular del eurodisco con vocación universal, firmada por el tándem Cerrone/Costandinos. The Avalanches la samplearon sin reparos en su enorme *Since I Left You* (2001).

ABBA
«Dancing Queen» (1976)

El cuarteto sueco en estado de gracia, sumándose al fenómeno disco desde una perspectiva netamente europea y armando un muro de sonido a lo Phil Spector, al servicio de una melodía eternamente jovial. «Dancing Queen», con sus campanas y su estribillo que es puro éxtasis, es el sonido de la inocencia de esa juventud absolutamente desprovista de la conciencia de que algún día llegará el final. Nadie ha pulido nunca una mezcla tan perfecta de euforia y melancolía. Elvis Costello, Blondie o MGMT reconocieron su influencia a la hora de componer algunas de sus canciones. Fue un exitazo en todo el mundo, claro.

Donna Summer
«I Feel Love» (1977)

El trazo robótico impulsado por el sintetizador Moog y el falsete estratosférico de una Donna Summer por encima del bien y de mal, inexpugnable, hicieron de este tema uno de los más influyentes de la historia de la música popular, marcando el camino a seguir posteriormente por la new wave tecnificada, el synth pop y la electrónica. Hasta alguien siempre tan avanzado a su tiempo como Brian Eno vio en ella el futuro de la música pop. Y le cambió la vida a Laurent Garnier cuando era un crío. Perfecta simbiosis entre gélida formalidad y ardor interior, marca el clímax de Giorgio Moroder y Pete Bellotte como instigadores del sonido disco europeo.

Bee Gees
«Night Fever» (1977)

Nadie podría haber predicho unos años antes que aquellos tres hermanos llegados de Australia, que pulían bonitas canciones en la tradición melódica de los Beatles y del pop de la costa oeste norteamericana, acabarían conquistando el mundo gracias a la música disco. Pero sus caminos, los de Robert Stigwood y los de Tony Manero se cruzaron, y el sensacional puñado de composiciones que aportaron a aquella banda sonora hizo el resto. Entre ellas esta, que comenzó como un intento de acercar el «Theme From a Summer Place» de la Percy Faith Orchestra al sonido de moda, y acabó en algo completamente nuevo.

Sylvester
«You Make Me Feel Mighty Real» (1978)

Tras los pasos del «I Feel Love» de Donna Summer, el malogrado Sylvester vio cómo, gracias a los consejos del productor Patrick Cowley, lo que se concibió como un medio tiempo góspel se transformó en un arrebatador proyectil dirigido a la pista de baile, marcado por un inclemente sentido del ritmo, que señaló el camino a los New Order de «Blue Monday» y auspició los posteriores derroteros del Hi-NRG. Así pues, no extraña ni que Jimmy Sommerville (Bronski Beat, The Communards) la rescatara en 1989 ni que Byron Stingily (vocalista de los exquisitos Ten City, adalides del deep house) hiciera lo propio en 1998.

Gloria Gaynor
«I Will Survive» (1978)

Prácticamente todo está dicho ya acerca de esta canción de alcance universal, uno de esos temas que acaban perteneciendo más al receptor que a sus propios autores, Freddie Perren y Dino Fekaris, dadas las lecturas que de él se han hecho en las últimas décadas. Himno a la resiliencia, símbolo contra la desigualdad, emblema de la comunidad gay... cualquiera de sus acepciones es bien recibida por una Gloria Gaynor que le debe prácticamente toda su popularidad a lo largo y ancho del globo, gracias también a su portentosa interpretación. Nadie diría que nació destinada a ser una cara B: tan pronto los disc jockeys de la época empezaron a pincharla, se convirtió en un éxito instantáneo.

Chaka Khan
«I'm Every Woman» (1978)

Uno de los grandes éxitos de la factoría de Nickolas Ashford y Valerie Simpson, con la producción del más que taimado Arif Mardin, que relanzó la carrera de Chaka Khan lejos de la sombra de Rufus, la formación a la que pertenecía. Otro himno imbatible para cualquier pista de baile, con las luces bien largas: la puso otra de vez de actualidad la propia Chaka Khan en 1989 y Whitney Houston la acercó a una nueva generación en 1992, con producción de Michael Narada Walden y C+C Music Factory. Voluptuosa, sexy y atemporal, como la mejor músico disco.

Chic
«Le Freak» (1978)

Quién les iba a decir a los porteros de la elitista Studio 54 que su negativa tajante a que Nile Rodgers y Edward Bernards accedieran a la discoteca en la nochevieja de 1977 acabaría dando pie, paradójicamente, a una de las mejores canciones de la música disco. Ni siquiera les sirvió la excusa de que Grace Jones, toda una celebridad, les hubiera invitado. Un irresistible sentido del ritmo, un punteo de guitarra sencillo pero demoledor, una línea de bajo totémica y un elenco de estupendas vocalistas la redondearon. Y descaro, mucho descaro. Convirtiendo el rechazo en combustible creativo. A eso se le llama genio.

Blondie
«Heart of Glass» (1978)

Fue una conjunción de factores la que hizo que Blondie, emblema de la new wave neoyorquina, diera forma a uno de los grandes hits de la era disco: la inspiración de Deborah Harry y Chris Stein y la pizca de osadía que, junto al sagaz productor Mike Chapman, les animó a recauchutar con una imponente coraza disco lo que en principio iba a ser poco más que una idea basada en el «Rock The Boat» (1973) de Hues Corporation. La influencia de Kraftwerk y el incipiente sonido eurodisco hicieron el resto, por cierto. Fue uno de los primeros grandes cruces entre rock y música disco. No extraña que –dadas sus hechuras– gozara de mejor prensa en Europa que en las discotecas de Nueva York o Chicago.

Chic
«Good Times» (1979)

Superando incluso el logro que había sido «Le Freak», Rodgers y Edwards refinan su fórmula hasta dar con un himno definitivo, síntesis suprema del júbilo y desenfado del momento, con una línea de bajo absolutamente totémica, que tomaron primero prestada los Sugarhill Gang de «Rapper's Delight» (1980) y luego los Queen de «Another One Bites The Dust» (1980). Todo lo que tocaba el tándem durante aquella época lo convertían en oro puro. Música disco en estado de gracia, fluyendo más orgánica que nunca.

McFadden & Whitehead
«Ain't No Stopping Us Now» (1979)

Dos millones de copias certificaron el poder de contagio de una canción bastante más popular –desgraciadamente– que sus propios creadores, la alianza entre Gene McFadden y John Whitehead. Aunque la versión que le otorga carácter de alegato racial es más bonita, la realidad es más prosaica: es una proclama sobre la superación personal, tal y como ambos confesarían posteriormente. Una rebelión contra el rol subalterno al que Philadelphia International les relegaba, siempre manteniéndoles como compositores a sueldo, a la sombra de otros artistas.

Earth, Wind and Fire

«Boogie Wonderland» (1979)

El bagaje jazz funk todavía se puede rastrear en cierto modo en esta estupenda pieza junto a The Emotions, una de las que coronan la fase de esplendor comercial del combo de Chicago, cuando todo lo que perdían en consistencia a la hora de facturar álbumes lo ganaban en efectividad en cuanto a singles de éxito. El más de millón y medio de copias despachadas, sus innumerables versiones posteriores y sus frecuentes apariciones en series y películas acreditan su rol de punta de lanza de la música disco en la cúspide de su popularización.

Anita Ward

«Ring My Bell» (1979)

Dado que ese «hacer sonar la campana» que sugiere su título acabó por digerirse como una incitación sexual, sorprende saber que esta canción (compuesta por una estrella fugaz de la Stax, Frederick Knight) estaba en un principio destinada a que la cantase una chica de solo once años, Stacy Lattisaw. Un cambio de discográfica provocó que fuese a parar a manos de Anita Ward, transformándose en su única canción célebre. La compuso un *one hit wonder* para otra *one hit wonder*, vaya.

Michael Jackson

«Don't Stop Til You Get Enough» (1979)

El primer bombazo salido de la pluma de Michael Jackson en solitario tras su paso por la Motown sigue siendo una de las mejores canciones que hizo nunca. Todos los ingredientes ya estaban ahí: su falsete poderoso, sus característicos hipidos, un ritmo tan inmisericorde (agresivo en comparación con sus anteriores discos) que apenas dejaba respiro y la infalible producción del mago Quincy Jones. Un pelotazo disco funk que abría nuevas vías para la subsiguiente mutación del género sin salirse del *mainstream*.

Patrick Hernandez

«Born To Be Alive» (1979)

Como tantos otros clásicos impepinables del género, nació como una cosa pero se transformó –para suerte de todos– en otra muy distinta. El francés Patrick Hernandez la concibió como una pieza de hard rock, pero tras su pertinente remozado en clave disco se convirtió en un fulgurante éxito en todo el mundo, algo extravagante por cuanto, pese a su origen, no llega a ser en puridad ni íntegramente eurodisco ni música disco pata negra. Fue su único hit, pronto superado –es inevitable recurrir de nuevo a la anécdota, mil veces contada– por una de las bailarinas que se sumó a su séquito en vivo: Madonna.

Donna Summer
«Bad Girls» (1979)

No tendrá la audacia formal de «I Feel Love» ni la capacidad de provocación de «Love To Love You Baby», pero este es otro de los grandes rompepistas de la época, junto a la también formidable «Hot Stuff» (puesta de nuevo de moda en los noventa gracias a la película *Full Monty*), en un momento en el que el género estaba justo en la cima, tan solo bordeando el precipicio al que ciertos sectores quisieron abocarlo para denigrarlo como música presuntamente artificiosa. Surgió después de que una de sus asistentes fuera tomada por una prostituta, en las calles de Nueva York. Casablanca Records quiso en un principio asignársela a Cher, pero Summer se negó. Por hechuras, parece más cerca de Chic que de Moroder, que fue quien realmente la produjo. Durante la Navidad de 2018 aún ilustró un spot de una conocida marca de colonias. Incombustible.

Sister Sledge
«We Are Family» (1979)

Esta fue la canción que les sirvió a Nile Rodgers y Bernard Edwards (Chic) como campo de pruebas para ver cómo podían desenvolverse como compositores a sueldo, en la sombra, antes de intentarlo sin ambages con algún nombre de peso. Huelga decir que la tentativa fue un sonado éxito, porque se convirtió en el mayor éxito –con mucha diferencia– en la carrera de Sister Sledge. Una oda al entendimiento familiar (el hecho de que fueran cuatro hermanas lo ponía en bandeja) que con el tiempo también se empleó como reivindicación del esfuerzo colectivo, y que volvió a gozar de exposición mediática por su papel central en la banda sonora de la película *Una jaula de grillos* (Mike Nichols, 1996).

The Jacksons
«Can You Feel It» (1980)

Con la Motown ya muy lejos y Michael habiendo dado ya sus primeros pasos hacia el estrellato global, los Jacksons (antes The Jackson 5) tuvieron tiempo para editar estupendos artefactos –y no lo decimos por la estética de ciencia ficción que se gastaban aquí– para la pista de baile, ya casi en plena resaca post disco. La más certera fue esta, certificando que la emancipación definitiva del clan era ya un hecho, y alfombrando el terreno para que el *crossover* pop de los ochenta hiciera su propia criba entre los cinco hermanos.

Diana Ross
«Upside Down» (1980)

Se hace tan recurrente volver sobre los pasos de Nile Rodgers y James Edwards, el tándem Chic, que muchas veces da la sensación de que la historia de esta música no habría sido tal sin ellos. Pero es que sin su aportación tampoco se entendería la revitalización de la gran Diana Ross a principios de los ochenta, ejemplificada en esta extraordinaria canción. Era la primera gran estrella para la que componían (Sister Sledge no lo eran; luego llegarían Bowie, Madonna y tantos otros) y siempre se preciaron de haber sabido atender sus necesidades, actualizando su sonido sin emborronar su marcada personalidad. Un triunfo inapelable.

Prince
«Uptown» (1980)

Desde una perspectiva mucho más minimalista y autosuficiente que la de Michael Jackson (inevitable ahondar en la comparación que siempre les persiguió), Prince se destapó como un sensacional artista total en plena resaca disco con esta canción, que hacía referencia a la zona más liberal, cosmopolita y bulliciosamente nocturna de su Minneapolis natal, en las que los prejuicios sexuales y raciales brillaban por su ausencia. Reivindicaba así su derecho a ser diferente (algo que enlazaba con la propia filosofía en la que fermentó el

fenómeno disco) con un perdigonazo de funk elástico y jovial, razonable prolongación a la efervescencia de los templos del baile de finales de los setenta.

Grace Jones
«Pull Up To The Bumper» (1981)

Coescrita entre Kookoo Baya, Dana Manno y la propia Grace Jones, «Pull Up To The Bumper» levantó algunas ampollas en el momento de su edición por las connotaciones sexuales de su letra (años después desmentidas por ella misma), pero eso no encarna más que al árbol tapando el bosque, porque se trata de una de las canciones mayúsculas del periodo inmediatamente posterior al apagón disco, la que más se acerca a la sensación real de estar inmerso en una discoteca, abducido por el ritmo y el *groove*. Una obra maestra de más de cuatro minutos, que aún goza de momento preferente en sus directos sin perder ni un ápice de su magia.

Rick James
«Super Freak» (1981)

No es extraño que la palabra *freak* aparezca al menos dos veces en el imaginario disco: en sus manos y en las de Chic. Aunque en este caso, ni siquiera el propio Rick James, uno de los reyes del funk de finales de los setenta, estaba muy entusiasmado con ella: solo accedió a editarla como single porque «necesitaba una canción que los blanquitos pudieran bailar». El tiempo le dio la razón, porque no solo se convirtió en su mayor hit, sino que fue también culpable del éxito planetario de MC Hammer nueve años después, cuando la sampleó sin recato en su célebre «Can't Touch This», en 1990. Su jubilosa y contagiosa reivindicación de la diferencia obtuvo eco en una memorable escena de la película *Pequeña Miss Sunshine* (Valerie Faris, Jonathan Dayton; 2006).

Indeep
«Last Night a DJ Saved My Life» (1982)

Mayúsculo maxi single que propulsó, aunque solo fuera durante una temporada, la carrera efímera del trío neoyorquino que formaban Michael Cleveland (compositor), Rose Marie Ramsey y Réjane «Reggie» Magloire (vocalistas), uno de los más grandes *one hit wonders* del género. Contaba la historia de una mujer que, presa del aburrimiento y del desengaño amoroso, ve su vida salvada por una canción que escucha en la radio. El sonido de un teléfono (el que no atiende el amante de la protagonista), el de la cadena de un váter (por donde supuestamente se desaguan sus preocupaciones) y el rapeado masculino del DJ aderezan un tema que también fue éxito enorme en España, donde gozó de traducciones tan cañís como «Qué maravilla de canción» (Parchís) o «Las zapatillas de bailar» (Los Petersellers).

Marvin Gaye
«Sexual Healing» (1982)

El gran medio tiempo erótico de la era post disco lo firmó el enorme Marvin Gaye en el que fue su primer single fuera de la Motown, su resurrección en toda regla tras un turbio periodo de su vida, marcado por su segundo divorcio (esta vez de Janis Hunter), la depresión y la adicción a la cocaína. Empezó a ver luz al final del túnel tras una larga estancia en Bélgica y una gira británica, y el rescate que su amigo Harvey Fuqua (el responsable de esos susurros que pueden escucharse aquí: *get up, wake up*) le procuró al garantizarle apoyo de la CBS y producirle el álbum *Midnight Love* (1982). La nueva tecnología marcaba distancias en una versión ochentera de sus proverbiales andanadas lúbricas de los setenta: el sintetizador Roland TR-808 y la guitarra de Gordon Banks acolchaban una sensual melodía que le granjearía el Grammy y dos millones de copias vendidas en todo el mundo. Quién sabe lo que los ochenta le hubieran deparado si su padre no hubiera acabado con su vida un par de años más tarde.

Michael Jackson
«Wanna Be Startin' Somethin'» (1982)

Adaptando el canon casi tribal del «Soul Makossa» (1972) de Manu Dibango (quien llegó a demandarle por la reproducción de su estribillo en su coda final) al contexto entonces vigente y con el imparable sentido del ritmo aderezado por la producción de Quincy Jones, Michael Jackson tendía un rutilante puente entre los hallazgos de *Off The Wall* (1979) –de hecho, pudo haber acabado en sus surcos– y los infalibles argumentos que poblaron el resto del megavendedor *Thriller* (1982), el álbum que la acogía. Inapelable.

The Pointer Sisters
«I'm So Excited» (1982)

Irrevocable rompepistas post disco el que despachó este veterano trío femenino de Oakland (California), que ya había dado muestras mucho antes de su capacidad de anticipación al fenómeno disco con álbumes tan fabulosos como *Steppin'* (1975). Fue el mayor éxito comercial, con diferencia, de una carrera de casi tres décadas que coqueteó con el soul, el funk, el rock and roll, la nostalgia por el jazz clásico y, cómo no, los ritmos que cambiaron la faz del pop entre finales de los setenta y principios de los ochenta. Su revitalizante chute de euforia ilustró los spots televisivos de la NBA en aque-lla época dorada –años ochenta– para los Lakers de Magic Johnson, los Celtics de Larry Bird o los Sixers de Julius Erving.

Evelyn Thomas
«High Energy» (1984)

Ritmo inmisercorde, en escalada de intensidad creciente, el que desprendía este hit con el que el DJ y productor británico Ian Levine relanzó la carrera de la norteamericana Evelyn Thomas, sentando las bases para un sonido (el llamado Hi-NRG) que triunfaría sin reservas por casi toda Europa en la segunda mitad de los ochenta, también auspiciado por Patrick Cowley y Bobby Orlando, y que adoptó su nombre de la propia canción. La composición por sí sola ya merece puesto en el Olimpo de la mejor música post disco, pero su influencia (sobre el house, el eurobeat y las producciones comerciales de Stock, Aitken & Waterman) aún hace que su sombra sea mayor.

Madonna
«Into The Groove» (1984)

«La pista de baile siempre ha sido algo mágico para mí, empecé queriendo ser bailarina, y todo eso tiene mucho que ver con esta canción. La libertad que siento cuando bailo, ese sentimiento de habitar tu cuerpo, dejarte llevar y expresarte a través de la música, esa fue la inspiración inicial para esta canción»: son palabras de la propia Madonna, a las que no haría falta añadir mucho más. Compuesta por ella y por su fiel Stephen Bray, sublimando el glamour urbano de tantas noches pasadas en la pista de Danceteria y la de otros clubs neoyorquinos de finales de los setenta y principios de los ochenta, este single de propiedades sísmicas es una de las perlas definitivas de ese periodo en el que la música disco ya hacía tiempo que no estaba de moda pero hacía notar su eco con visible determinación.

Janet Jackson
«When I Think Of You» (1986)

El primer aviso serio de que Janet sería la única figura del clan Jackson –aparte de Michael– en postularse como estrella de fuste y largo recorrido llegó con este primer número uno en los EE.UU., cuando tan solo contaba 20 años, gracias a su radiante talento y a su alianza con Jimmy Jam y Terry Lewis, dos de los productores del momento. Tanto esta como el resto de canciones que engrosaban *Control* (1986) marcarían el camino a seguir por aquella música negra *mainstream* –la de la segunda mitad de los ochenta– que reformulaba los ya lejanos efluvios de la música disco desde una perspectiva contemporánea y enjundiosa.

Cameo
«Word Up» (1986)

Disco funk abrasivo el que facturaron Larry Blackmon y los suyos en su fase de madurez con este «Word Up», valiéndose del *slang* neoyorquino, marcándose un cachondo videoclip en el que el trío aparece como una cuadrilla de delincuentes asediada por la policía y copando las listas de éxitos norteamericanas y europeas. Los escoceses Gun la transformaron años más tarde (1994) en uno de los puntales de su repertorio desde una perspectiva casi hard rock, lo que da buena cuenta de su elasticidad.

Deee - Lite
«Groove Is In The Heart» (1990)

Nadie hizo más en los primeros noventa por rescatar las señas estéticas de la música disco que el trío neoyorquino Deee – Lite, cuya fórmula recabó su mejor punto de cocción con este gran éxito mundial, una canción absolutamemte irresistible, conducida por mano firme por la voz poderosa de Lady Miss Kier, los teclados de DJ Dmitry y las bases y samplers de Towa Tei. Por si fuera poco, Bootsy Collins y Maceo Parker (Parliament/Funkadelic), junto al rapero Q-Tip (A Tribe Called Quest) se sumaron a la fiesta. Es fácil echarles de menos.

Stardust
«Music Sounds Better With You» (1998)

Todo un lustro del llamado *french touch*, el sonido que una generación de músicos de la escena electrónica gala había ido puliendo con esmero, eclosionó con simple rotundidad en este fabuloso sencillo de Stardust, que no fueron más que el efímero vehículo expresivo de Thomas Bangalter (Daft Punk) junto a Alan Braxe y el vocalista Benjamin Diamond, en un receso de su banda madre. Cierto, el sampler del «Fate» (1981) de Chaka Khan es prácticamente media canción, y reafirma su nexo con la música disco más distinguida, pero ellos redimensionan todo hasta convertirlo no solo en el hit del otoño de 1998, sino en una de las piezas definitivas de la música de baile del fin de milenio.

Daft Punk
«One More Time» (2001)

La arrebatada interpretación vocal –pasada por el autotune, cuando este empezaba a ponerse de moda– de Romanthony, que hasta calca los hipidos de la escuela Michael Jackson, da la medida de cuán inteligentemente Thomas Bangalter y Guy-Manuel de Homem-Christo filtraron algunas de las claves de la mejor tradición disco para fundirlas con su canon house en el single que mejor plasma esa simbiosis. Nadie lo ha hecho mejor que ellos en el presente siglo.

Justin Timberlake
«Rock Your Body» (2003)

Discípulo aventajado del Michael Jackson de *Off The Wall* (1979), Justin Timberlake se antoja el músico más indicado para ejemplificar ese ascendiente sobre un buen número de estrellas del siglo XX: de Usher a Beyoncé, pasando por las producciones de The Neptunes o Timbaland para Missy Elliott, o a los propios Pharrell Williams o Bruno Mars. Todos son en cierto modo hijos de aquella alquimia ganadora entre Jacko y Quincy Jones, y esta «Rock Your Body» es una de sus concreciones más brillantes.

Bibliografía

Blánquez, Javier y Morera, Omar. *Loops. Una historia de la música electrónica.* Reservoir Books, 2002.

Blánquez, Javier. *Loops 2. Una historia de la música electrónica en el siglo XXI.* Reservoir Books, 2018.

Brewster, Bill y Broughton Frank. *Anoche un DJ me salvó la vida. Historia del disc jockey.* Ma Non Troppo, 2006.

Echols, Alice. *Hot Stuff: Disco and the Remaking of American Culture.* WW Norton & Co, 2010.

Gilbert, Jeremy y Pearson, Ewan. *Discographies: Dance, Music, Culture and the Politics of Sound.* Routledge, 1999.

Jones, Alan y Kantonen, Jussi. *Saturday Night Forever: The Story of Disco.* Mainstream Publishing, 2005.

Lapuente, Luis. *Historia de la música disco.* Efe Eme, 2017.

Lapuente, Luis. *El muelle de la bahía. Una historia del soul.* Efe Eme, 2015.

Lawrence, Tim. *Love Saves the Day: A History of American Dance Music Culture*, 1970-1979. Duke University Press, 2004.

Lawrence, Tim. *Life and Death on the New York Dance Floor, 1980-1983.* Duke University Press, 2016.

Lynskey. Dorian. *33 Revoluciones por minuto. Historia de la canción protesta.* Faber & Faber, 2010; Malpaso, 2015.

Morgan, Johnny. *Disco: The Music, the Times, the Era.* Sterling, 2011.

Reynolds, Simon. *Energy Flash. Una viaje a través de la música rave y la cultura de baile.* Faber & Faber, 1998; Contra. 2014.

Sanz, Gerardo. *Paradise Garage. Bailando en el cielo: de Larry Levan a François K.* Artículo publicado en la revista *Dancedelux* del año 2000.

Shapiro, Peter. *La historia secreta del disco. Sexualidad e integración racial en la pista de baile.* Faber & Faber, 2005; Caja Negra Editora, 2015.

Playlist

El lector puede disfrutar de la escucha completa de esta lista de canciones creada por el autor. Más de tres horas que recorren la historia de la mejor música disco:

Buscando la lista en Spotify por su nombre:

Historia y cartografía de la Música Disco
creada por Carlos Pérez de Ziriza

O a través de los siguientes enlaces:

spotify:user:ziriza73:playlist:5RlrBJKwJQN6nlYzTsG7ma

https://open.spotify.com/user/ziriza73/playlist/5RlrBJKwJQN6nlYzTs
G7ma?si=IK6gWnvUQFSBXcUxHa40bw

En la misma colección:

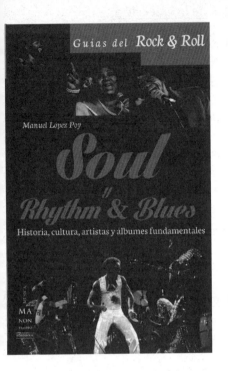

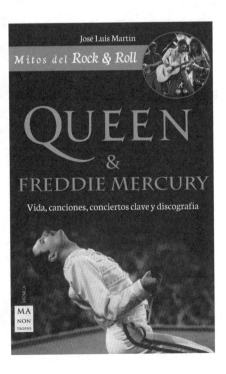

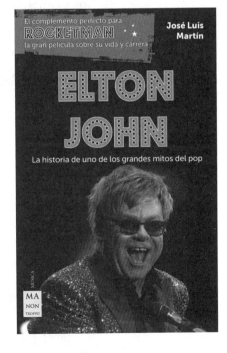

Todos los títulos de la colección:

Guías del Rock & Roll

Indie & rock alternativo - *Carlos Pérez de Ziriza*

Country Rock - *Eduardo Izquierdo*

Soul y rhythm & blues - *Manuel López Poy*

Heavy Metal - *Andrés López*

Rockabilly - *Manuel López Poy*

Hard Rock - *Andrés López*

Dance Electronic Music - *Manu González*

Rockeras - *Anabel Vélez*

Reggae - *Andrés López*

Rock progresivo - *Eloy Pérez Ladaga*

El Punk - *Eduardo Izquierdo y Eloy Pérez Ladaga*

Mitos del Rock & Roll

Bob Dylan - *Manuel López Poy*

Pink Floyd - *Manuel López Poy*

Queen & Freddie Mercury - *José Luis Martín*

Iron Maiden - *Andrés López*

Jim Morrison & The Doors - *Eduardo Izquierdo*

Kiss - *Eloy Pérez Ladaga*

Elton John - *José Luis Martín*